他者と沈黙

ウィトゲンシュタイン
からケアの哲学へ

崎川修

はじめに——垂直と水平のはざまで

1　ウィトゲンシュタインの〈家〉

ウィーン中心街のやや東、シュテファン大聖堂から三番の地下鉄に乗れば三つ目のクントマン通りに、その建物は今でも立っている。通りからやや高い土地にたたずむのは、白い直方体をいくつか組み合わせたような箱形の家。何でもないようでいながら、どこか周囲にとけ込むことを拒むような印象である。ロース（Loos, A.）の弟子エンゲルマン（Engelmann, P.）が、マルガレーテ・ストンボロウのために設計した住宅だが、むしろ「ウィトゲンシュタインの家」という呼称のほうが似つかわしい。実際に哲学者ルートウィヒ・ウィトゲンシュタイン（Wittgenstein, Ludwig. 1889-1951）は姉マルガレーテのためにこの家の設計と建造に携わった。一九二六年秋から丸二年間のことである。

大富豪の息子であったこの哲学者は元来エンジニア志望であり、航空機のプロペラエンジンの研究などをしていたのだが、ひょんなことから論理学に目覚め、ケンブリッジのラッセル（Russell, B.）のもとで研鑽を積んだ。そして第一次大戦従軍の休暇中（一九一八年）かの有名な『論理哲学論考』を執筆し、その天才ぶりは学界に震撼を与えていた。

そんなウィトゲンシュタインがなぜ建築などに首を突っ込んだのか、それは実のところ、この哲学者の思想の根幹にかかわる大問題である。というのも『論考』執筆後、彼は哲学をきっぱりやめて、田舎

ストンボロウ邸（1998年，著者撮影）

の小学校の教師になってしまっていた。ところがそこで不幸にも体罰事件を起こして辞職してしまい、ウィーンに戻って修道院に入ろうと考えていたのだ。そんな折に持ち上がったのがこの建築の件であり、周囲の配慮もあって、いわばそれは暗中にあった彼にとってひとつの作業療法としての側面を持つことになったのである。彼は、たんなるエンジニアくずれの余技に済まされないほど、この仕事にすべてを注ぎ込んだ。そしてこの仕事を一つの境目として、彼は従来の「論理哲学」中心の思考スタイルを捨て、日常の言語使用や「心」をめぐる諸問題の独特な考察へと乗り出してゆくのである。

むろん、この有名な哲学的「大転回」のきっかけをこの建築への従事に求めるつもりもないのだが、しかしこの建築をひとつの手がかりとして、私たちはウィトゲンシュタインの思考の変化について、ひとつの見通しを得ることができるのではないだろうか。あらかじめ言っておくならば、これはウィトゲンシュタインにとってのいわば「人間観」の変化そのものであり、この「家」は二つの異なる人間観がせめぎあう場所に佇んでいるのである。

2　内部と外部

ところでそもそもこの建築計画において、ウィトゲンシュタインに求められていたものは、基本的に「内装」のデザインであり、そこで用いられるさまざまな建具の設計であった。従って本来ならばこの建物の構造や外的印象の多くにウィトゲンシュタインはかかわらないはずであった。実際その全体的なプランは友人であったエンゲルマンが作っていたはずなのだが、ウィトゲンシュタインは例えば窓枠のデザインとその位置、間取りの構成などの「内的」視点からさまざまな注文をつけ、結果として建物の外観の印象にも、ウィトゲンシュタインの意図が期せずして充満してしまうことになる。

事実、この建物の最大の特徴は、建物の内部である。そのきわめて厳密な計測のもとに整えられた室内空間は、いささかの装飾もほどこされず、壁も床もむき出し、照明も裸電球といった具合、しかしそれは同時に極めて繊細に仕上げられた、禁欲的な「内部」なのである。さらに部屋と部屋を繋ぐ扉とその取手、窓、照明、暖房装置などがウィトゲンシュタインの設計と指示で精緻に仕上げられ、空間に最小限の意味を与えている。これほどまでに装飾を拒否しながら、それをこれみよがしの「芸術的センス」で「作品化」するのではなく、設計者の意図に従わせられた空間は、稀というほかない。

そして、さらにこの厳しい内部の印象は、必然的にその外部をも規定し従属させてしまう。しかしここでは内部が外部を規定するだけではない。内装はそこに親密に「棲まう」ことを撥ねつけるがごとくに厳しく完成されており、それはまるで雨風を寄せつけぬように守りを固めた外装の延長であるかのようである。クラインの壺のように、内部が外部を飲み込みつつ、内部自身が外部へと反転する、とでもいえようか。

こうした建築へのスタンスは、彼の当時の哲学的態度、すなわち『論理哲学論考』の思考法と軌を一にしている。『論考』の捉えようとする「世界」は、独我論を極限まで徹底させることによって到達される実在論の世界である。すなわち世界を徹底的に一人称的「私の世界」として限定しつつ、その「私」を「眼」ではなく「視野そのもの」として世界の限界に一致させ消去する。そこに残るのはまさに内部も外部もない、主観も客観もない、世界そのものなのである。そしてこの世界は論理的な必然性に充たされた世界なのである。

しかし、そんな世界に欠けているものがある。それは言ってみれば身体をもった「生身」の人間の姿である。「私はあの住宅を賞賛はしても、決して私自身住む気にはなれなかった。それは私のようないつか死ぬ人間のためではなく、実際神のための住まいのようだった」（長姉ヘルミーネの回想）（Leitner, 176：邦訳四六頁）この住宅において徹底されている厳密さは、そこで暮らす人間のためにではなく、その空間が空間として存在するためのものなのである。そして、この時代までのウィトゲンシュタインにとって、人間とは身体をもって滅びゆくものではなく、無時間的、永遠的な「生」の充実そのものであったのだ。しかもこの充実とはとりもなおさず、世界に論理が充満すること、であり、そのような仕方で世界が理解されていることを指すのである。

さて、ここに現れているのは西洋の哲学が近代にまで引き継いできた「垂直的」な人間観の、ひとつの極限的な姿であると言えるのではないだろうか。元来「神の似像」としての人間は、神の息＝霊という超越的な契機によって生かされ意義づけられている「肉」であった。しかし人間の自我は、次第に神の創造した世界をくまなく見渡すことのできる存在、つまり主観であるという自負に溺れるようになる。そして人間は身体であるよりも、まずそこに住まう「眼」であって、それによって世界が選び採られ意義づけられるようになる。ここで旧来の神と人間との垂直的関係性は人間自身のうちに移入され、例えば「超越論的」と呼ばれるあらたな装いのもとに命脈を保つのである。だが、ウィトゲンシュタインはその「眼」の特権性をさらに徹底させ、いわば外部を持たない世界そのものへと浸透させてしまう。

このとき「垂直的」な意義づけの当事者たる「人間」の姿は世界そのものの中に解消してしまって、もはや見えることはない。また、世界に意義を与える超越的なものごとは「語りえないもの」として世界において示されることになる。つまりここでは、意義づけるものと意義づけられるものという、垂直的な区別自体が宙づりにされてしまうのである。

だがそのように考えた時、ここには別の仕方で「人間」が世界に位置づけられるような視点の可能性がすでに孕まれていた、とも言えないだろうか。『論考』の思想の行き着いた場所は、もはや内部と外部、認識する主体と表象される世界、といった区別のない場所であり、それゆえいかなる形而上学的な観念にも縛られず、「何も隠されていない」ありのままの世界が流れ込んでくる「思考の零度」であったように思われるのである。

3　ウィトゲンシュタインの人間観

ウィトゲンシュタインの哲学は、前期も後期も「言語」を通じて世界のリアリティを捉えようとしていた点において一貫している。ただし、そこでの言語の姿や働きはきわめて対照的なものである。建築の仕事の後、ほどなくして哲学に復帰したウィトゲンシュタインは、言語の本質を「論理」ではなく

「実践」として見つめるようになっていった。言語とは世界を記述するための「道具」というより、むしろ他者とともにこの日常を生きるための「場」として意識されるようになるのである。

そのことは、ウィトゲンシュタインが『論考』の出版、学校教師への転身と挫折、そして建築への従事という、ほぼ一〇年に渡る「哲学的空白」において、何と出会い向きあったのか、ということの確かな反映になっているように思われる。中期から後期に向かう過程で見いだされた「言語ゲーム」という概念は、言語をゲームのような「規則に従う活動」と捉え、この生きられる世界の規範性が「他者」との「水平的関係」において成立していることを示す画期的な道具立てであったのだが、『茶色本』や『哲学探究』第一部において、この「言語ゲーム」を絵解きしてゆくのに用いられた喩えが、「子どもの言語習得」でありまた「大工と徒弟」の関係であったのは、なかなかに象徴的なことがらである。というのも、これらの関係にはウィトゲンシュタインがこの時期を通じて見いだすことになった「人間観」が、二重の意味で写し込まれているからなのである。

まず第一に言えるのは、ウィトゲンシュタインが教師として、あるいはエンジニアとして、子どもや職人たちと向き合う関係性の中で、多少なりとも「人間的なコミュニケーション」の地平を見いだしていたであろう、ということ。ただしそれは彼にとって決して容易いものではなかった。実際彼の教師生活が失敗に終わったのは、決して思い通りになるわけではない現実の他者を受け止めつつ、共存していくための柔軟さを彼が持ち合わせていなかったからでもある。このことは、建築現場に立ったときも同様であった。業者の機嫌をとって円満に工程をすすめるなどというつもりはつゆほどもなかったようである。たった二分の一ミリの精度にこだわる、完成後ホールの天井を三センチ上げさせた、などというエピソードを聞けば、彼が他者の言い分を受け止めて折り合いをつけるような「対話」的関係を重視するはずがない。そこには「命令」に対する「服従」を要求する関係しか、ありえなかったのである。

このことが、第二の人間観として言語ゲームの形にも反映している。すなわち言語ゲームにおいて、人は規則に「盲目に従う」のである（『探究』第一部、二一九節）。子どもの言語習得も、大工の徒弟仕事も、どちらも一方が他方の指示を疑わずに絶対のものとして受け入れるところに成り立つ営みだとウィトゲンシュタインは考える。つまり、後期ウィトゲンシュタインの人間像は「水平的関係」のうちに見いだされつつも、その関係は「教える者」から「学ぶ者」へと一方的に規範性の与えられるような「垂直性」をモデルとして描き出されるのである。

しかし、これは決して前期の人間観への「退行」なのではない。人間が水平的な交わりの世界を生きるということは、つねに垂直的な規範性への取り込みを無効にする「他者」という「未知」に向き合い続けることでもあるからだ。だからこそウィトゲンシュタインは、水平と垂直の「交点」を求めて止むことがなかった。『探究』で展開された、規則理解をめぐる懐疑論との対決に飽き足らず、最晩年の『確実性の問題』や『最終草稿第二巻』に至っても、知識の根拠や、他我問題の解消といったテーマに向かい続けたウィトゲンシュタインの「執念」の中に私たちが見いだすべきもの、それは人間という存在が「思考」の営みのうちに胚胎した、いわば「水平」と「垂直」の果てしない往復という宿命的な「かたち」なのではないだろうか。

4　言語ゲームからケアの哲学へ——本書について

本書はウィトゲンシュタインの哲学を起点とし、その独特の言語観を「他者」との関係性から論じつつ、私たち人間の生の在り様とその行方を探求しようとするものである。

本書は大きく分けて二つの部分からなっている。第一部はウィトゲンシュタインの哲学における「言語」と「他者」の問題を理論的に考察している。これに対して第二部は、ウィトゲンシュタインの「言語ゲーム」を出発点としながらも、ウィトゲンシュタインのテクストからは距離を置き、「ケア」という視座から「他者」との関係性や、そこでの言語の在り方について独自の考察を展開するものである。

ウィトゲンシュタインが「ケアの哲学」と結びつけて論じられることは、これまであまりなかったことのように思われる。しかし、ケアについて考えるためには、その営みの持つ「言語ゲーム」としての性格を正しく把握しなければならない。また、ケアの概念を看護や介護などの「専門知」へと落とし込むのではなく、私たちが他者とともに生きる日常の「生活知」として浮かび上がらせるためには、後期ウィトゲンシュタインの眼差しがぜひとも必要である。

また、ケアについて考えることは、ウィトゲンシュタインの「言語ゲーム」という視点が切り開く思考の可能性を、彼の哲学の抱える内在的な問題点を補いつつ、的確に描き出すことに繋がるだろう。とくに「グリーフケア」をめぐる議論は、その扉を開く鍵となりうると、筆者は考えている。

前半と後半の議論を結び合わせるようなキーワードとして、本書は一貫して「沈黙」にこだわりつづけている。その意味するところについては、議論もあるだろう。沈黙を強いることの暴力性について、無頓着であることは許されまい。本書はそれを主題的に論じているわけではないが、その両義性を無視しているわけではないことを、あらかじめ申し添えておきたいと思う。

本書の来歴について、簡単に記しておきたい。それぞれの章は、この二〇年ほどのあいだに筆者が執筆してきた論文をもとにしている。一番古いものは前世紀末（！）に遡るが、第一部は概ね二〇〇〇年代、第二部は二〇一〇年代に書かれたものであり、一部に前後はあるが、ほぼ執筆された年代順に並べられている。従って、本書は筆者自身の関心や、おかれた環境の変化を反映した記録ともなっている。

内容には随所に重複があり、また記述内容には矛盾する点や、一貫しない部分もあると思われる。本書を編むに際しては、それぞれに若干の加筆修正を施したが、それぞれの論文に染み込んだ、その時々の問題意識や思考の傾きをあえて消さずに残すことで、思考のたどってきた変化と、変わらずに残り続けてきた問いを明瞭に見つめてみたいと考えた。その結果、本書はいささか奇妙な書物になってしまったかもしれない。ウィトゲンシュタインの入門書や専門研究書にしては逸脱が激しく、哲学や倫理の理論的探究にしては散漫と思われるだろう。しかし、それはウィトゲンシュタインの残した「書物」や「遺稿」の「奇妙さ」に比べれば、きわめて凡庸なものに過ぎないのだから、余り気にすることもないのかもしれないが……。

本書はどの章から読み始めていただいても構わないし、前半だけ、後半だけ、といった読み方をして頂いても結構である。本を手に取っていただけたことだけでも、十分な意味があると筆者は考えているし、それを自由に読むことができてこそ、書物は書物として生き始めるのだと思う。

他者と沈黙

ウィトゲンシュタインからケアの哲学へ

目次

ウィトゲンシュタインと他者

第 I 部

第一章 他者と沈黙 ウィトゲンシュタインとニヒリズム

1 はじめに

ある思想が本質的にニヒリスティックであるかということは、その思想において語られる内容によって、単純に決定されるわけではない。なぜなら、実際に多くの部分的なニヒリズムの主張は、ある特定の概念領域を攻撃することによって、別の何かをきわめて強力に肯定しようとする所作に他ならないのだから。さらに、あらゆるものに関して「無」を主張する徹底的なニヒリズムがあったとしても、事態にさして大きな相違は生まれない。というのも、ニヒリストが何らかの主張を「ニヒリズム」として語るとき、その否定の対象がいかなる範囲に及ぶにせよ、当人はその主張そのものがよって立つところの「言語」という営みを信頼し、その存在を何らかの意味で肯定しなくてはならないからだ。

従って、もしも本質的な意味でニヒリスティックなニヒリズムの主張、というものがありうるとすれば、それは、その思想が発芽し、整えられ、主張されることの背後にある言語という基盤そのものに向けられた否定的主張のことである、といえるかもしれない。むろん、このような否定的自己言及はパラドクスに陥る。しかしたとえパラドクスであったとしても、そのような言明が言語のうちには現れうるのであり、そのことは私たちを本質的な意味において「当惑」させ「震撼」させうるものなのである。

このように、言語を用いて何かを思考し語るという営みに対して、もはや無垢な信頼を持ちえないような境位にたち、その地盤としての危うさを暴露するような態度のことを、ここではさしあたって「言語的ニヒリズム」と呼んでおきたい。この観点においては、次のように考えることが重要である。すなわちある思想の主張内容がたとえ反ニヒリズム的なものであったとしても、それを語る主体がみずからの思考とその主張を支える言語という地盤の危うさへの「鋭敏さ」を失っていないかぎり、それは思想を受け取り、理解しようとする人を震撼させる、本質的にニヒリスティックなものでありうるのだ、というように。ただし当人がどの程度このニヒリズムを「自覚」しているか、という点は別の問題である。そして、おそらくその「自覚」の深さに応じて、思想の現実に対する「強度」が高まるのではないかと思われる。

この「言語的ニヒリズム」とその自覚、という問題を考察しようとするとき、ウィトゲンシュタインの哲学はその格好の素材となるように思われる。一方で『論理哲学論考』はこの「言語的ニヒリズム」の持つ構造に無自覚であることによって「沈黙」という名の「虚無」を読者に手渡すことになるのだが、他方で『論考』の言語観からの脱却によって生み出された「言語ゲーム」の哲学も、このニヒリズムをある巧妙な仕方で隠蔽することによって成立していたのだといえる。しかし最晩年の『確実性の問題』における思考には、こうしたニヒリズムを臆することなく直視しようとする「自覚」の風景を垣間見ることができるのではないか。そしてそこには「言語的ニヒリズム」をたんなるネガティヴな思想としてではなく、いわば思考の出発点として受け取り直す可能性が示されているようにも思われるのである。

2 論理哲学論考、もしくは自己否定する書物

『論考』という書物は、それ自身がひとつの問いであるかのような、神秘的で謎めいた記号として読者の前に存在している。しかしその中心的な内容といえる論理学的＝哲学的アイディアは、難解であるとはいえ、そこにいささかの神秘もない。むしろ読者が惑わされるのは、そうしたアイディアが提示され、結び合わされ、展開されてゆく「語り口」の奇妙さにおいてである。つまり『論考』はたんにその思想的内容においてではなく、その思想が書き始められ、結尾に至るひとつの「書物」であることによって、謎を投げかけるのである。

ウィトゲンシュタインによれば『論考』の狙いは「言語に限界を引く」ことである。哲学的な諸問題が生じるのは、思考不可能なことがらを、あたかも思考できるかのように「語る」人間の性向によるのであり、それゆえ、そうした「語りえないものについては沈黙しなくてはならない」（『論考』七）。『論考』の全ては、この最後の命題に集約されているといってよい。ただしこれだけを見ると、論理実証主義者が誤解したように、ウィトゲンシュタインはここで形而上学的、倫理的なものの領域を否定し、実証主義的方法のみが正しい世界観を提供するのだと述べているように思われてもおかしくはない。しかし、ウィトゲンシュタインの真の狙いは全く逆であった。

私の作品は二つの部分からなっています。ひとつはここに提示したものであり、もうひとつはここに書かなかったもののすべてです。そしてまさにその第二の部分が重要なのです。倫理的なものが私の書物によって

いわば内側から限界づけられています。（『手紙』一〇七、フィッカー宛、一九一九年）

ここで「倫理的」と呼ばれているものは、すなわち価値に関することがらである。ウィトゲンシュタインは『論考』において、価値は「世界」の中には存在せず、その外にしかありえないと主張している。従ってそれを命題では語ることはできないのであり、『論考』において可能なことも、ただそれを言語によって世界の内側から「示す」ことでしかなかった。しかし、そうすることでウィトゲンシュタインは、価値に対するニヒリズム的傾向に、奇妙な仕方で抗戦しようとしていたのである。つまり、価値の存在を声高に主張することによってではなく、そのように主張したくなる傾向を批判することを通じて、ニヒリズムを退けようとするのである。というのも、本来は世界を超えたところにある「見えないもの」としての価値を、世界の内に「見える」存在のように語ってしまうことこそ、言語の中に虚無を導き入れ、真の価値を見失わせるからである。

ただし、これだけであったなら『論考』はたんにカント的な理性批判の亜流に過ぎなかったかもしれない。先に述べた「奇妙さ」は理性批判を「言語批判」として展開しつつ、さらにその作業を展開した『論考』という書物自身にも、その「言語批判」の鉾先を向けてしまうところに現れる。

私を理解するものは、私の諸命題を通り抜け、その上に立ち、それを踏み越えるとき、ついにはその無意味であることを知る。まさにこのような仕方において、私の諸命題は解明を行おうとする。（読者は、いわば梯子をのぼりきった後、それを投げ捨てなくてはならない。）読者はこの諸命題を乗り越えなければならない。そのとき彼は世界を正しく見る。（『論考』六・五四）

序文においても言われていたことだが、『論考』は理論的教説を述べた書物なのではなく、いわばウィトゲンシュタインの思考そのものの展開の軌跡であるにすぎない。従って、本来哲学が全てそうであるべきであるように、読者はその思考をみずからの思考として経験することによってだけ『論考』を受け取ることができる。それはよい。問題はなぜそれが「無意味（Unsinn）」と断じられるのかということである。単純に考えれば、それは実際に『論考』を構成している命題が全て、ウィトゲンシュタインのいう「語りうる命題」すなわち世界の状況を記述するような「自然科学の命題」ではないから、ということになろう。

ただしもちろん、『論考』の諸命題が、実体のない形而上学的妄言の羅列だったわけはない。ウィトゲンシュタインがそれらの命題を通じて行っていたのは、言語によって世界を語ることを可能にしている「論理」という道具立ての、いわば超越論的条件の検討であった。だがここで読者は当然疑問を持つだろう。ウィトゲンシュタインが「倫理的なもの」つまり超越的な性格を持つ価値を語りえないとすることはわかる。しかしなぜ、そうした「言語の限界」を策定しようとする言語自身の営みとしての「哲学」の足跡まで、ここで踏み捨てられねばならないのだろうか、と。言語の階層性の徹底的な批判というモチーフはわかるにしても、現にその批判のための言語が『論考』という書物として存在し、提示されていること、そのことのリアリティは、宙吊りにされてはいまいか。

ここで読者が出会うのは、自己否定する書物という、奇妙な形象である。その言葉は一方的に多くを読者に命じつつ、その命じた言葉を無意味なものとして退けることをも命じる。このとき、ウィトゲンシュタインと読者のあいだでは、言語という両者を媒介する唯一の存在が提示されつつ同時に引き裂かれている。ここで感じる居心地の悪さは、どこかマグリット（Magritte, René. 1898–1967）の一連の作品

〈これはパイプではない〉の与える感触を思い起こさせる。

フーコー（Foucault 1968）によれば、これらの絵の与える奇妙な当惑を引き起こすものは、見かけ上はきわめて単純な仕掛け、すなわちイメージとテクストのあいだの矛盾に過ぎない。(1) しかしさらにフーコーが指摘するのは、この単純さに隠された、マグリットの巧妙な操作＝悪巧みである。ここでマグリットは、西洋絵画を支配してきた原理、すなわち造形的表象（類似）と言語的表象（断言）の、区別の内での相等性という原理を一挙に提示しつつ、すぐさま解体する作業を行うのである。

フーコーは、マグリットによるこの企みを「カリグラム（calligramme）」として解釈する。カリグラムとは文字のテクストを使って同時に造形的表象を描く技法のことであるが、見かけ上両者が区別されているように見えるこの絵は、カリグラムの断片の寄せ集めだというのである。カリグラムは歴史上、アルファベットという表音文字の空虚さを、レトリックの助けを借りない「反復」によって補完する役割を担ってきたとフーコーは説明する。レトリックは同じ意味を別の言葉で反復する操作（あるいは同じ言葉で別の意味を語る操作）であるが、カリグラムはこれとは異なり、一つの事物あるいはその意味を視覚的類似と記号的表象という二つの違った手法で反復し、それを「二重に包囲してしまう」のである。こうしてカリグラムは、アルファベット文明における根源的な対立である「示すことと名指すこと、象ることと語ること、再現することと分節すること、模倣することと意味すること、見ることと読むことの対立を、遊戯のうちに解消しようともくろむ」（Foucault 1968：邦訳二一頁）。

実際マグリットの絵において、パイプは何の寓意でもなく、かの喫煙具を必要以上に几帳面に描き出しているし、また書き込まれたテクストも何ら別の事実や意味を仄めかそうとしているようには思われない。ただ、このカリグラムは、類似と断言の対立を同じ平面で解消するように見せかけながら、同時にすでにその対立を分離し、解体してしまっている。このカリグラムを構成する部分は、それぞれが互いの水準に相手を引きずり込むことができないような仕方で、矛盾している。通常の矛盾であれば、それを矛盾であると指摘できる命題という共通の水準があるが、ここではそのような水準の形成可能性そのものが、つねにすでに回避されてしまうのである。というのも、類似の誤りを指摘することができない一方で、「これはパイプではない」という断言自身が、その断言を誤りとして指摘しようとする視線を予め拒否する身振りとして現れているからである。私たちはここで、絵画という平面の解釈のために暗に前提している図式を失うのである。

『論考』という書物を前にして私たちが感じる戸惑いも、これと別のものではない。違いがあるとすれば、マグリットが確信犯であったのに対して、ウィトゲンシュタインはそうと気づかずに、みずからをそうした「偽装するカリグラム」へと追い込んでしまっていた、ということだけであろう(2)。すなわちウィトゲンシュタインが『論考』で行おうとしたのは、言語が世界を捉えるという場面における、類似と断言の対立を解消しようとする試みだったのである。そしてそのために、言語を階層化するという「レトリック」を用いることを拒否し、代わりに「写像」という類似の理論と「独我論」という断言の理論によって、二重に世界を包囲しようと目論んだのである。だが、このことは結果として言語と世界の結びつきを解体してしまうことになるのである。

3 類似と断言

『論考』において「言語」が担っている役割を過不足なく記述することは、きわめて難しい作業である。

というのも、そこでは明らかに矛盾をきたす複数の任務が、同時に与えられるのでなければならないからである。すなわち一方では「語りうるものを明瞭に語る」という、世界記述の役割であり、他方では『論考』という書物を構成する、「言語批判のための言語」という役割である。ここで後者は前者の領域を画定するために必要であるが、しかしそうした「メタ言語」は前者にとってすれば過剰な存在なのである。これに対してウィトゲンシュタインが取った解決法は、後者を最終的に放擲し、前者を確保するというものだった。しかし、その意図は実際に達成されているだろうか。つまり「語りうるもの」は確保されたのだろうか。

そもそも「語りうるものだけを語る」とは何かといえば、端的にはこの世界の現実に足をおろして、それを記述するということであろう。つまり現実に存在しないものはそこから排除されるのである。ところで、ウィトゲンシュタインはそれを「自然科学の命題しか語らない」(六・五三)と表現している。しかしこれをたんなる「科学的=客観的な世界把握」であると誤解してはならない。彼の意図していたのは、決して言語によって言語以前に成立している物的世界をコピーするといった素朴な図柄ではなかった。

ウィトゲンシュタインは言語が世界を描写する仕方をいわゆる「写像」理論として提示したが、そこで言語は決してリアリズムの絵画のような「外的な類似性」の原理によってではなく、世界と「形式」を共有することによって、世界を映し出すのだとされている。例えばレコードと楽譜と演奏が、同じ音楽を表現しているというとき、外面的には全く類似していないにもかかわらず、ある音楽的な形式を共有していることによって、それらは「内的な類似性」を持つのである。そして言語が世界について語る場合も、これと全く同様である。ただしそこで共有されているものは「論理形式」である。

つまりここでいう「現実の世界」とは、意味以前の素朴な物的世界のことではなく、論理という形式性の光のもとに意味をもって立ち現れる世界のことである。そこでは、世界は自明なものとして現れる。なぜならそれは、それ以外の可能性を考えることができないような思考の枠組みだからである。そして「語りうるものを語る」とは、そのように意味をもって現れてくる世界の論理性を、言語において写し取る営みなのである。

それゆえ「語りうるもの」の条件はまずもって「論理形式」を世界と共有できている命題、ということになる。しかし、論理的であることが即現実的であるとはいえない。論理的な命題のなかには、たんに論理的に可能であるに過ぎないものも含まれているからである。ならば、現実的な像を可能的な像から区別する十分条件とは何だろうか。どうやって、たんに論理的に可能な命題のなかから「現実に語りうるもの」が選別されるのか。こうした問いに対する古典的な答えは、この像に対応する事物の実在を示すことか、あるいは現実の世界を超えた形而上学的実在との対応を示すかの、いずれかであろう。しかしそうした答えは、「内的な類似性」とは別の「類似性」を密かに要請することになる。この別の類似性によって語られるものは、語りうるものの必要条件である「論理性」という「内的類似」の原理を共有しない。ならばそれは語りうるものの「内側からの要請」という仕方では、決して語れないもののはずである。

従来のいわゆる「超越論哲学」の方法は、世界の現実性の可能根拠を、世界の側の論理に即して語りうるものとして要請してきた。それは、古典絵画におけるタイトルがそうであるように、「断言」という形をとりながら、額縁の中の「類似」の理論と強調を保ちつつ、その中から求められてくるものだったのである。しかしウィトゲンシュタインはそこに疑問を持つ。そうした「断言」は、実際には世界の現実性とは何の結びつきもない神話であり、そこで導入される「別の類似性」を経験的に確認することはできないからである。

そこでウィトゲンシュタインが取った方策は、いかなる形而上学的な特権性にも頼ることなしに、世界が現に「このようにある」という事実を示す、というものだった。『論考』の冒頭に置かれた「世界は成立していることがらの総体である」というテーゼは、そのような意味合いで置かれたひとつの「断言」である。そしてこの「断言」は、何ら特権的なものを要請しない断言なのである。

しかし、このテーゼは、断言としては未だ不完全であり、何が「成立している」のかを具体的に限定することはできない。そこでウィトゲンシュタインが試みたのが、「私の世界」という仕方での限定であった。

私の言語の限界が、私の世界の限界を意味する。（『論考』五・六）

ここでウィトゲンシュタインは、現実の世界を包み込む論理的世界からたんなる可能性を排除するものを「私の言語の限界」という仕方で導入する。つまり、現実的世界とは論理的世界と「私の世界」の重なる領域として限定されるのである。

ところで、この「私」なるものはいわゆる「超越論的自我」、すなわち世界のうちに特権的に要請される形而上学的主体に過ぎないのではないか、という疑問がただちに湧くであろう。しかしウィトゲンシュタインはそのような理解を退ける。それは世界の内に存在するものではなく「世界の限界」である。眼が視野に属さないように「私」も世界に属さないのである。「私」は世界によって要請され、そこへと世界が類似的に還元される場所ではない。それはただ世界に向かって純粋に「断言」する位置であり、ただその声だけが世界に響くのである。

世界と私は、あたかも言語がシニフィアンとシニフィエの恣意的な結びつきであるように、なんの必然性に訴えることもなく、ただ命じられ、結びつけられる。そしてそこで両者はもはや一体のものとなって区別できなくなる。こうしてウィトゲンシュタインは、「類似」という手法の彫琢によってだけでは決して補完されることのない言語的経験の現実性を「断言」によって言語の中に取り押さえるという、二重の包囲を遂行しようとするのである。しかし、問題はこの「断言」自身が、つねにすでに「語りえない断言」としてしか存在できないというところにある。「私」が世界の事実ではないとすれば、それに対応する像もまた言語のうちには存在しない。また、この「私」の世界という限定に基づいて具体的に現実的なものを可能的なものと区別する命題も語りえない。

> このような可能性の排除は世界の事実ではありえない。もし事実だとすれば、論理は世界の限界を超えていなければならない。(略)思考しえぬことをわれわれは思考することはできない。それゆえ思考しえぬことをわれわれは語ることもできない。(『論考』五・六一)

それゆえ「独我論の言わんとすることは全く正しい。ただ、それらは語られえず、示されている」(『論考』五・六二)。いいかえるならば「明瞭に語りうるもの」の範囲は「私の世界」としその都度ただ「示される」だけなのである。すると、ここに奇妙な図式が浮かび上がってくる。『論考』は「語りえないもの」を示すために、「明瞭に語りうるもの」のみを「語る」ことを目指したにもかかわらず、その「語りうるもの」もまた独我論という「語りえないもの」によってただ示されることになってしまうのである。つまり、ここでは「語りえないもの」を「語りえないもの」が「示す」という、沈黙の檻がはり巡らされ、その中にかろうじてその都度「語りうるもの」が漂うのである。だが、それは決して読者に手渡すことのできない、断言という言語の「余韻」に過ぎない。手渡すことができるものといえば、それは言葉ではなく「言葉の中に〈われわれの現実〉はない」という冷たい「虚無」だけなのである。

ウィトゲンシュタインの開いたカリグラムは、かくして「断言」の余韻のきえぬうちに、すぐさま閉じられる。この閉鎖によってウィトゲンシュタイン自身は「語りうるもの」を囲い込んだと考えたかもしれない。しかし『論考』という著作を読む他者の視点からすれば、そこに現れているのは、「類似」と「断言」を重ね描くという仕方で、世界の現実性を囲い込もうとする哲学的営為の「頓挫」でしかない。読者には、断言とそれをさらに禁じる断言が意味の重みによって沈殿するが、本来言語として残るはずの「語りうるもの」はもはや実体を失った空虚な観念となって中に浮かび、とりのがされてしまうのだ。

4　他者のニヒリズム

『論考』が「語りうるもの」を語ることができなかったとすれば、その原因は言語自身に与えられたもうひとつの任務、すなわち「語りえぬものへの沈黙」という作業のための否定的自己言及の、あまりに厳格な適用にあったということができる。この「言語による言語批判」の営みは、人間の言語的活動の姿を二重の意味で制限することになった。

第一に挙げられるのは「日常言語の単純化」である。ウィトゲンシュタインは日常言語自体については「そのあるがままで論理的に完全に秩序づけられている」（『論考』五・五五六三）と述べ、その存在を受け入れているように見える。しかし、日常の言語表現は同じ語を多義的に用いるような複雑さを持っている。そのため他方では「そこから直接に言語の論理を読み取ることは人間には不可能」（『論考』四・〇〇二）であって、誤解を避けるためには混乱のない論理的な記号言語を用いなければならないのだと言うのである。ただしこの論点自身はさして問題のあるものではないもののように思われる。

むしろ注意すべきなのは、この第一の制限を通じて、恐らくはウィトゲンシュタイン自身も意識することなく行われていた「日常言語の平板化」というべき第二の制限である。それは後に彼自身がそれに気づくことになる、言語の実践的側面に見られる「奥行き」への「盲目」のことである。

何かを語る、という活動において、言語の多義性はたんにひとつの記号表現が複数の意味内容を持つ、という並列的な多義性として現れているだけではない。そこにはひとつの字義的な意味内容が語られることによって、同時に別の意味内容が示される、というような実践的な多義性が存在する。つまりここでは「語ることによって別のことが示される」のである。

『論考』においても、命題は事実を語り、かつその意義を「示す」とされているのだが、しかしその意義とは事実に対応する唯一の意味内容のことであり「別のこと」ではありえない。従って「語りうるもの」が、論理形式を共有していない何ごとかを「示す」ことはないのである。では、命題の意義のような論理的なもの以外の「語りえぬもの」すなわち世界の内ではなく「世界の外部」（『論考』六・四一）に求められるものは何によって示されるのか。それは決して「語ること」ではなく、「沈黙すべきものに沈黙すること」によってだけ、示されうるのである。この両者は厳密に分離されているのである。

しかしこの、字義通りに語るというそのことにおいて、その本来の意義とは全く別の意義が示されうるという可能性こそ、人間の言語の本質的な特徴であるように思われる。それはたんに何かを記述するという意味で何かを「語る」のではなく、それを受容する他者とのあいだに実践の空間を開き、そこでの他者関係を指定するような仕方で「語る」のである。そして、われわれ人間にとって言語とはなによりもまず、この「他者との関係性」の力学を通じて世界を生きることのために必要な形式＝秩序であり、道具なのである。

ところで、ここで重要なのは事実確認的か、行為遂行的か、といった二元論的分類ではなく、むしろこの二つの役割のあいだの差異化のダイナミズムである。つまり、たんなる記述内容とは別の意味内容を持つ言語表現も、それが慣習化された表現になっているときには、さらにそれと別の意味内容を孕みうる、という「奥行き」の構造がここにある。この仕組みは、一方では『論考』における理想言語のような、命題の意義の一義的な決定可能性を放棄しているが、しかし他方では日常の現実をともに生きている他者の視点を言語に織り込んでいるのである。実際、私たちの日常においては、自分と異なる理解を持ちうる他者が存在し、またその他者の語る言語表現というものに遭遇する。それゆえ日常言語においては既知の言葉やその組み合わせの中に、いつも未知の意味の可能性が開かれているのである。

しかし『論考』の言語にはそもそも「他者の言語」の存在が全く折り込まれていない。むろん他者の言語表現は、それが私の言語と全く同一の表現である限りにおいて受容されうるが、もしそこに「他者の視点」の存在を示す何らかの差異性が現れているならば、それは「言語批判」によって刈り取られてしまうものなのである。

いったいなぜウィトゲンシュタインは「他者の言語」を否定してしまうのだろうか。恐らくそれは、他者の視点によって、世界理解の「既知性」が脅かされることを怖れたからであろう。『論考』の世界は、決して未知のものとしては姿を現わさない。世界はあまねく論理的であり、前もってそのあらゆる可能性を思考しておくことができる。「謎は存在しない。問が立てられうるのであれば、答えもまた与えられうる」(『論考』六・五)。そこには「わからないものがわかるようになる」といった経験は存在せず、ただすでに「よくわかっている」という「熟知性」しかないのである。もしここに論理的には「わからないもの」が現れたとき、それを現実として世界の内部に招き入れてしまうことは、論理性そのものを相対化し、そこに現れている熟知性をも懐疑に晒す可能性がある。「他者」とは、いわばそうした未知を運んでくる存在であり、その「言葉」によって、既知のものをすべてひっくり返してしまう可能性を孕んでいる。ウィトゲンシュタインはそうした可能性を過剰に警戒していたように思われるのである。

ウィトゲンシュタインの『論考』における「言語的ニヒリズム」の本質は、いってみれば「他者のニヒリズム」である。しかしそれはもちろん本来の目的ではない。ウィトゲンシュタインは他者の存在を根絶しようなどと思っていたわけではない。というのも『論考』は執拗にその「他者」を「存在」を意識してもいたからである。ただ、それはあくまで理想化された他者に過ぎなかった。彼らはウィトゲンシュタインが示したと信じた何かを、ウィトゲンシュタインの断言＝命令に従い「沈黙する」ことを通じて、理解してくれる他者なのである。しかし、問題はそのような理想化がすなわち世界そのものの理想化であって、結果として世界の現実性を見誤り、語り損なうことになった、という点にある。つまり『論考』のニヒリズムはまた「現実のニヒリズム」なのである。

5 言語ゲームと他者

『論考』を完成させたのち、いったんは哲学に関して文字通り「沈黙」の道を選んだウィトゲンシュタインは、紆余曲折を経て再び「語ること」の森に分け入ってゆくことになる。『論考』で展開された言語観は、徐々にその狭隘さを克服し、やがては「言語ゲーム」という眺望を得ることになる。そこでの「言語」は、もはや絵画のように世界を描き出す像ではなく、人間の「活動の一部分、もしくは生活の形式の一部分」(『探究』第一部、二三節)として捉えられる。つまり言語は世界とその現実性について思考し記述する道具ではなく、いわば世界そのものの現れる場なのである。

ここで最も注目すべき変化は、『論考』において位置を奪われていた「他者の言語」の存在が認められるようになることである。現実はもはや「私の言語」によって限界づけられるのではなく、「他者とともに生きられる」言語において生成するのである。このとき、かつてウィトゲンシュタインを支配していた否定的な言語観、すなわち「語りうるもの」を制限し、本質的なことは沈黙によってのみ示されるのだとする態度は一掃され、代わりに人間の自然誌的事実としての言語使用を、できるだけあるがままに受容しようとする肯定的な言語観が現れているように見える。

しかし、ここで本質的な意味で、前期の「言語的ニヒリズム」が「克服」されているということができるのかといえば、それは疑問である。むしろ、現実の言語を、そして他者の言語を一見肯定するそぶりの中に秘められた「言語的ニヒリズム」は、より深いレベルで「言語ゲーム」の中に沈澱しているのだともいいうるのではないか。以下ではいささか簡略にではあるが、このことを確認しておきたい。

確かに中期から後期に向かうウィトゲンシュタインは、他者の言語＝現実の言語に出会った、ということができる。それは、言い換えれば「類似」によっても「断言」によってもその意味を決定できない言語に出会った、ということでもある。だが、そうした言語において、その意味理解の可能性は、どのように条件づけられうるのだろうか。

他者によって語られるものとしての言葉は、つねに「未知」を孕んでいる。自分が語る言葉の意味は、建前上その発話者にとって「既知」のものであるといいうるだろう。しかし、他者から発せられる言葉は、たとえその表現の論理形式が分析できて、一般的に用いられる字義通りの用法を私が熟知していたとしても、それとは異なった意味を持ちうるという「奥行き」を持っている。そしてこの、日常言語に彩りを与えているかに見える多義性の構造を直視するとき、同時にそのもうひとつの相貌、すなわち言語の持つ本来的な「恣意性」という性格が明らかになるのである。

ソシュールを持ち出すまでもなく、言語における記号表現と、その意味内容の結びつきは恣意的なものである。このことは前期のウィトゲンシュタインも十分に承知していたことだったが、『論考』においては大きな問題とは考えられていなかった。というのも、言葉の意味が世界の側から与えられているのであれば、この恣意性は言語の意味秩序とはあくまでも独立した、記号の知覚的な側面だけの恣意性に過ぎないからである。しかし、世界と言語を結ぶ論理というアプリオリな秩序がもはや機能しないような可能性を含む現実の言語使用の場面において現れるのは、いわば意味の秩序そのものの恣意性なのである。

さて、ウィトゲンシュタインはそうした現実の言語のありかたを「ゲーム」とその規則の関係になぞらえて理解しようとする。チェスのような遊戯やサッカーのようなスポーツなどにおいて、私たちはある特定のルールに従っている。しかしそれは全く別のルールによって行われることも可能である。そこで重要なのは、「別様でもありえた」と考えることではなく、定められた規則の中でプレイすることである。従ってそこでは、ゲームの規則のもつ「恣意性」はなんの問題にもならない。

言語もまた、そのような「規則に従う活動」であるとウィトゲンシュタインは考える。言語の文法や意味規則も恣意的であり、かつそれを私たちはゲームのように受け入れているのだ。それは何らの必然性によってではなく、ただ選び取られた慣習なのである。

しかし、それだけでは、他者の言語の理解可能性が十分に担保されたとはいえない。というのも、自分がたとえその規則に従って行為し、また他者の行為や発話を理解したとしても、その規則が他者にとっては全く別様に理解され、適用されているということがありうるからである。表面上はその言動が規則と一致していたとしても、規則がそこでどのように解釈されたのか、という点については、無数のヴァリエーションが可能である。ここでウィトゲンシュタインが出会うのが、かの有名な「パラドクス」なのである。

> 我々のパラドクスはとは「規則は行為の仕方を決定できない、なぜならどんな行為でもその規則と一致させることができるから」というものだった。(『探究』第一部、二〇一節)

クリプキはこのパラドクスを「今日まで哲学が見てきた最も根源的で独創的な懐疑的問題」だとしている(Kripke 1982:邦訳二七頁)。なぜならそこでは言語一般における意味理解可能性の条件が否定されてしまうように見えるからである。このクリプキの指摘を受けてシュテークミュラーはそれを「超懐疑論

（Hyperskepsis）」と名づけ、次のように言う。

もしウィトゲンシュタインが超懐疑論に留まるとすれば、彼の立場は、概念ニヒリズム、意味理解のニヒリズム、あるいは規則に従うことのニヒリズムであろう。（Stegmüller, 1998：邦訳二〇頁）

確かにこの視点に立つと、あらゆる言語理解やコミュニケーションにおいて、私たちが共有していると思っている「意味」が同じであるのかどうかを確認することが、不可能になる。私は他者の心中を覗き見ることはできないのであり、ただ他者の外的表出をその都度理解するだけである。しかしその表出の意味を理解するためには、さらにそれを説明する表出を必要とする。この手続はどこまでも終わらない。つねに他者は「未知の部分」によって規定され続ける存在なのである。

もちろん、この懐疑論は常識に立ち戻ればおかしな主張である。私たちは日常の言語生活をそれほど疑心暗鬼にならずにやり過ごすことができている。論理も法も、それほどの混乱なく通用していると言える。だが同時に、私たちは他者に対して時に疑心暗鬼にもなりうるし、論理が通用しなかったり、法律が平然と無視される場面があることも知っている。場合によってはそのことが自分の人生そのものを疑わせたり、荒廃させる力を持つことも。ウィトゲンシュタインはこの問題を、笑って見過ごすことのできない人物だった。しかしまたそれゆえに、正面から受け取ることもできなかった。

『哲学探究』のウィトゲンシュタインがこの問題に対して採用した戦術は、いわばこの「常識」に徹底的に内在するためのひとつの「語り口」の導入であった。それは、無数の言語ゲームの中から、上述のような懐疑論の可能性があらかじめ封じ込められているようなタイプのものを選別し、それを言語ゲームの「原初的なモデル」として見ることをすすめる、というものである。『探究』冒頭から展開される、この「原初的言語」の考察において注目されているのは、子どもの言語習得の場面である。子どもは大人から言語を学ぶとき、いわば命令に服従するのと同様に、大人の教示を疑わず、言い付けに従って訓練することによってそれを習得するのだとウィトゲンシュタインは考える。そうした学習において肝要なのは、示された規則の意味を問いただし確認することではなく、ただ繰り返しその指示に従うことである。ここで重要なのは行為が命令に合致することだけなのである。

このとき子どもは規則の恣意性に対していわば「盲目」であることによって、規則に習熟してゆく。ウィトゲンシュタインはこの「盲目性」に注目した。そしてあらゆる言語ゲームがその本来的な恣意性にかかわらず、一定の慣習として私たちの生活に根づいているのも、この「盲目性」が反復されているためであると考えたのである。事実私たちは日常の行為に習熟していればいるほど、その規則を意識したり確認したりすることが稀である。つまりその実践は規則に対して「盲目」になるのである。この視点に立つとき、私たちは「懐疑」の可能性を論駁することなしに、それを視野から消すことができる。つまりパラドクスは残されたまま、現実的にはその効力を失うのである。そして同時にここでは、私たちが日々繰り返している自然誌的な言語実践の共同性が、そのままに承認されうるように見える。

しかし、クリプキが「懐疑的解決」と呼んだこの解決は、いささか問題含みである。というのも、そこで承認される言語的現実の姿は、必ずしも「ありのまま」の現実ではなく、ある種の「理想化」を施され、歪められた現実だからである。私たちは確かに盲目に何かを語り、行い、場合によっては盲目に「考える」ということさえ可能である。しかしコミュニケーションの場面においては、私はしばしば意味に迷い、立ち止まる。他者の言語と出会うとき、そこで何を他者が命じ、要求し、意図しているのかは、必ずしも一義的に理解できるわけではない。表現として分かったとしても、それに対する応答の仕方は多様なのである。それゆえ、ここでは何らかの意味で、規則の従い方に対する「解釈」と「選択」が迫られ、それを介することによってのみ、私たちは他者と向きあうことができるのではないか。

コミュニケーションとは、たんに情報を伝達し共有することを意味するのではない。その原義（ラテン語のcommunicatio）には聞き届ける、許容する、といったニュアンスが含まれていることからもわかるように、コミュニケーションは決して「盲目＝暗闇のうちでの跳躍」ではないような「決断」として、他者に対して態度を取ることでもある。そして、こちらの側面があるからこそ、私たちはさまざまな「奥行き」を持つ、本当の意味での言語的現実を何とかして渡っていけるのであろうし、またそこに他者との「出会い」の意味もうまれる。場合によってはそこに埋められない溝や違和感が差し挟まったままのこともあるだろうし、それにもかかわらずその溝を納得づくで、他者とともに歩むということさえある。つまり、私たちの日常的実践の規範性とは、規則に対する盲目な埋没とともに、その盲目性自体を選択し引き受けるための「洞察＝自覚」の水準が存在することによって、はじめて生きた規範性になりうるようなもののように思われるのである。しかし『探究』のウィトゲンシュタインは人間の規範性の本質を、もっぱら選択のない盲目性のモデルを通じて取り押さえ、明らかにしようと企てる。そしてこのことは、そもそも中期から後期における彼の言語観の根底にあったはずの「他者の言語との出会い」という場面そのものを、いわば凍結させてしまうのである。

「言語ゲーム」によって与えられる眺望は、決して『論考』のニヒリズムを乗り越えていたわけではない。それは、一見他者とともに生きられる言語的現実の姿をそのまま肯定しているようでありながら、実際にはそこに動静を与えているはずの「他者の言語」に耳を塞いでいる。そしてこのいわば隠然たる

「他者ニヒリズム」のゆえに「言語ゲーム」は『論考』のそれよりもさらに本質的な意味での「言語的ニヒリズム」の姿に、期せずして肉迫しているように思われるのである。

6 ゲームの規則

「言語ゲーム」という概念装置を通じて立ち現れてくる世界の相貌は、マグリットの絵画のように意味が宙吊りにされ、言葉が瓦解しつつ、それが無時間的な永遠に閉じ込められているような異様さからは、もはや遠く離れている。それはもっと動的であり、開放的な姿をしている。

ところで言語ゲームというアイディアの発端は、いうまでもなくチェスのような、いわゆる「ゲーム」にあった。しかしそれを特定のゲームに見立てることで理解しようとするのは空しい。なぜなら、ウィトゲンシュタインはこの概念で、いわば無数の些細なゲームの海に漂う私たちの日常生活の姿を、トータルに捉えようとしていたのだから。

しばし論じられるように、言語ゲーム（Sprachspiel）とは言葉（Sprach）による劇（Spiel）でもある。しかしここでは舞台の上で演じられる〈演劇〉よりも、ウィトゲンシュタインが好んだといわれる〈映画〉の空間を例にとって見ることにしたい(3)。舞台演劇は、はじめから虚構＝非日常であることが歴然としているような「書き割り」の世界であって、その空間の文法を支配するのは役者という人間たちである。また演出家は「演技」という「誇張」を通じてその世界観を伝えようとする。これに対し、映画の文法を支配するものはカメラでありそのショットである。そこでは演劇とは正反対に「些細なもの＝細部」が決定的に重要な役割を担う。人物やその演技ではなく、風景や事物や出来事、すなわち日常の世界経験が描き出され、いわば主役を演じるのである。「言語ゲーム」とは、そのように「些細なもの」の物語の連鎖のうちに、世界を発見するような視点なのである。(4)

ただし、実際にウィトゲンシュタインの描き出す世界において、そのような日常的な細部が意味深く輝いて見えるのかといえば、そうではないように思われる。というのも、彼が「言語ゲーム」という観点において注目し強調するのは、人生の細部を味わい、その変転に一喜一憂しつつ、日常を過ごすような態度ではないからである。むろんそうすることが排除されるわけではない。しかし「人生の形式」の原初的な姿形はそれらの細部をただ盲目的に反復することである。そこには決断も選択もない。ただそのように習い覚えた「ゲームの規則」だけがある。

私たちは、そうした盲目の日常性を描いた映画作家として、小津安二郎(一九〇三 - 一九六三)を思い出すべきだろう。例えばその遺作『秋刀魚の味』は、婚期に遅れかけた娘を、友人に促されてようやく嫁がせる男やもめ(笠智衆)の姿を通じて、ほろ苦い人生の味わい、その儚さや侘しさを確かに描き出していた。しかし同時に小津のカメラに抉り出されていたのは、日常を生きる人間の営みの、不気味なまでの盲目性ではなかっただろうか。

例えば、娘の結婚を「葬式みたいなもの」と言って憚らない主人公の感覚を下支えしているものは、明らかにひとつの「欠落」、すなわち娘という「他者」の人生の視点の欠落である。そこでは他者の幸せを願うという気持ちが輪郭を持つことがない。それはいつでも自分のぼんやりとしたエゴイズムの関数でしかない。結婚という娘の人生における一大事は、結局父親の一存によって決められてゆく。そのことの酷さに、主人公は気づきそうで、気づこうとしていないように見える。ここにはただ「娘の結婚」もしくは「人生のほろ苦さ」という言語ゲームに盲目に従う男の姿がある。

しかし、この映画はただ日本人特有の「甘え」の文化のようなものを描き出しているのだ、といって終わりにすることはできまい。確かにここには日本的なニヒリズムとでもいうべき何かが映し出されているのかもしれない。だが、本質的に見れば、それは日本人にとっては少しもニヒリスティックではなく、いわばそれ自身が価値を生み出すニヒリズムとでもいうべき思考だろう。一方で、小津安二郎の世界観は、その技術的な徹底性を通じて、より深い意味でのニヒリズムへと踏み出してしまっているように感じられる。それは私たちが見てきた「言語的ニヒリズム」そのものである。それは、言語の、いや言語ゲームというものの持つ恣意性と虚構性に気づいてしまったものが、そうと知りつつ言語ゲームの檻から逃げられずにそれを受容し、そこに内在しているような態度である。笠智衆の、あの奇妙に無表情な演技は、それさえもひとつの不気味な韜晦ではないかという疑いを、私たちに起こさせないだろうか。つまり、あの男はそれがゲームに過ぎないということに、うすうす気づいているのではないかという疑いを。「人間みんな、ひとりぼっちなんだ」と呟いてみせつつ、それが本当の孤独などではないこと、そもそも真の孤独などというものが、ウィトゲンシュタインのいう「死の経験」や「私的言語」と同様に、不可能であるということに、彼は気づいているのではあるまいか。

蓮實重彦によれば、小津の映画を「現実に見つつある」ことは、そこで提示されている「ゲームの規則」を楽しむことでは決してないという。

小津を見ることで学びうる唯一の規則は、小津安二郎の映画が、小津的なものには決してかさなりあうことがないという規則であり、「小津的な」遊戯とは、普段に距離をつめたり拡げたりするそのずれの運動に身をまかすことなのである。（蓮實、一九九二：一一頁）

「何の危険もともなわぬ遊戯」として小津の作品を見ることは、「現実に見ている画面を抹殺しながら神話と戯れること」だと蓮實は言う。そこには市民的な自己の温存と「変化の回避」という契機が見て取られる。この同じことを、私たちはウィトゲンシュタインの言語ゲームにそっくり当てはめることができるのではないか。ウィトゲンシュタインのすすめに従って言語に眼差しを向けることは、言語的現実を直接見て取ることではなく、それを抹殺しながら原初的言語という神話と「戯れる」ことなのである。これはあくまで「戯れ(＝Spiel)」であって形而上学的世界への「還元」ではない。しかしこの「ゲーム」という概念と戯れることとは、言語の恣意性という、言語ゲーム本来の出自を忘却しつつその上に別の「根源の物語」を語って、それに酩酊することなのである。

ただし、ウィトゲンシュタインは哲学的な誠実さから、その美酒に完全に酔うことはできなかった。対話のように形成された『探究』のテクストには、いつもそこから醒めたもうひとりの語り手がいる。この語り手は、神話と戯れることをすすめる語り手に、決して説得されてはいなかった。だからこそ『探究』第一部は完成されることなく、心理学の哲学をめぐる考察へと引き継がれ、そしてその懐中から、懐疑論をめぐる最晩年の執拗な考察が開始されるのである。ウィトゲンシュタインの思考のこの「運動性」に気づくとき、初めて「言語ゲーム」という「動画」はひとつの「危険な遊び」として姿を現す。

いつも同じ地点に立っていては、その都度画面を見失うしかない残酷ともいえる運動性が、不断に更新させる現在としてそこに生なましく生きられている。動かずにいることの中の運動といったらいいか、静止しているかに見えるその画面には、いつでも複数の要素の厳しい葛藤が生きられていて、あるときは瞳を切りさき、またあるときは視線を途方に暮れさせもする。小津的なものが存在を安堵させ、弛緩した瞬間へと導くことはあっても、小津の映画は不断の緊張を強いずにはおかない。（中略）この遊戯は、どこまでも真剣に演じられねばならないだろう。真剣にというのは、あらかじめ準備された規則に従ってではなく、演じることそのものが遊戯の規則を露呈させるようなやり方で、ということだ。（蓮實、一九九二：一二－一三頁）

小津のカメラが、かの有名なローアングルに徹するのも、この真剣なる遊戯のゆえであろう。それは決して人間を俯瞰することなく、つねにそこに立ち尽くしている「家」という規範性の奥に、じっと身をかがめて動こうとしない一つの身振りだった。ウィトゲンシュタインも同じように、言語というアングルに身を低くして世界を眺める。そこからは他者の顔は目に入らない。しかしそのような姿勢にいわば「負のパトス」を感じ取り、それと拮抗しようとすることこそ、ウィトゲンシュタインを読むことなのである。

そして、さらに忘れてはならないのは、最晩年のウィトゲンシュタインその人こそが、そのような読者＝他者の位置に立って、おのれの思考の運動性に透徹した視線を向けた最初の人物だった、ということである。そしてここには、言語的ニヒリズムを正面から見据え、引き受けてゆく可能性が確かに開かれているのではないだろうか。

7　承認と沈黙

人はいったいいつ、虚無というものに気づき、それを怖れるのだろうか。恐らく「死」という出来事に出会うときだろうと、言いたくなる。しかし同時に『論考』のウィトゲンシュタインの言葉が思い起こされる。

死は人生の出来事ではない。人は死を体験しない。(『論考』六・四三一一)

確かに、世界において出会う死はつねに「他者の死」であって、それは世界のうちで出会うひとつの風景に過ぎない。他方、この私の死は決して私の世界＝人生の内なる出来事ではない。それゆえ私たちはいずれにしても、死そのものを「虚無」として語ることなど、できないのかもしれない。

しかし皮肉なことに、「虚無」はその「語りえない」ということ、そのことにおいてこそ姿を現す。というのも私たちは、語る言葉を失うという仕方で、死の空しさを経験するからである。確かに他者の姿が消え去ることは、私の存在そのものを直接に滅ぼしはしない。しかし私が私の存在に気づき、それを引き受けることは、他者たちの言葉を聴いてそれを引き受けることによってだけ、立ち上げられたのである。私に言葉を語る他者が去ったとき、私はその他者に語る言葉を、その「不可能性」においてみずから引き取るしかない。そして、行きどころのない言葉が滞り、届けられぬままに解け落ちてゆくのである。

直接に死という出来事が現前していなくとも、何らかの理由によって人が言葉を失うとき、そこでは「言葉の死」が私たちに虚無を届ける、ということができる。言葉が失われるということは、日常をその内に生きている言語ゲームが、それを共有する他者に対して失効することであり、また自分がそのゲームにリアリティを見いだせなくなってそこから脱落することである。いずれの場合も、それを引き起こすのは何らかの意味での「他者」との出会いである。一方は言語ゲームにとっての他者、他方は自分の生きる言語ゲームという他者との出会いとして。その他者を通じて、言語ゲームの空しさ＝虚構性が私に突きつけられる。そしてその先には、他者と私の根源的な差異という「わかれ」が待ち受けている。

だが「わかれ」を受け入れることは難しい。自分が没入し信じてきたゲームを相対化し突き放すことは、いわば自己そのものを切り裂くことであるからだ。このとき私たちはひとつの態度によって迂回路を設け、そこに逃げ込もうとする。それが「疑うこと」である。このように書けば、すぐに次のような疑問が出されるだろう。懐疑論はすでに見たように、突き詰めればニヒリズムに行き当たるのではないか、と。もちろんその通りである。しかし重要なのは、懐疑論それ自体がニヒリズムなのではなく、懐疑が反復される、その無限性においてこそニヒリズムは顕現するのだということである。そしてその反復において懐疑そのものに埋没しているならば、それは正確な意味でのニヒリズムではなく、ニヒリズムの隠蔽に過ぎないのである。

みずからの死を目前にして、ウィトゲンシュタインはこうした事情をある明晰さの中に受け取り直し、それを踏み越えようとしていたように思われる。だがその道のりも決して平坦というわけではなかった。知識の根拠と懐疑論の問題を扱った最晩年の遺稿『確実性の問題』は、その逡巡のドキュメントになっている。

何かを「疑う」という営みそのものは、決してニヒリスティックなものではない。それは「ニヒリズム」を標榜する思想がそれを語ることへの無垢な信頼に依存しているように、何かを疑うことを可能にしているところのものへの信頼なしには成立しない。ウィトゲンシュタインは『確実性』の一二二節において、疑うためには根拠が必要なのではないか、と問うている。実際、他者の言動を疑うときには、それをおかしなものと判定するための正常な言動の基準というものが念頭に置かれているのだし、自分自身が不安になるときには、つねに他者の言動が正しいのだという思い込みがある。そして、そのような根拠のない疑いがあるとすれば、それは現実には「無意味な疑い」なのである。

ところで、このように疑うことが意味をなさないような知識をウィトゲンシュタインははじめ「世界像」と呼ぼうとしていた。ムーアの論文に触発されて知識の確実性について考察をはじめた彼は、ムーアがそれを「私は知っている」と確かに主張できるとした「私は身体を持っている」「大地は私のうまれるずっと前から存在していた」「目を閉じても対象は消滅しない」などの命題について、それらを疑うことには意味がないと認めながらも、同時にムーアのようにそれを「主張」することにもまた意味がないのだ、と考えたのである。つまり、それらの命題が表現している知はそれ自身で独立した知識ではなく、さまざまな知識と経験を成立させている足場であり、それらを結びつけている「蝶番」のようなものであると考えて、それを「世界像」と名づけるのである。

これらは確かに、それを日常において疑うことの稀な知識である、といえよう。ただしこれらは疑いえないと同じ理由において、さらにその根拠を与えることができない知識でもある。ウィトゲンシュタインは次のように述べる。

私の世界像は、私がその正しさを納得したから私のものになったわけではない。私が現にその正しさを革新しているという理由で、それが私の世界像であるわけでもない。これは伝統として受け継いだ背景であり、私が真と偽を区別するのものこれに拠ってのことなのだ。(『確実性』九四節)

すなわち、世界像を記述する命題とは、ある種の「神話」に過ぎないのである。それは私たちがさまざまな言語ゲームを学ぶなかで、その規則と同じく、それと意識せずに盲目に身に着けた知識であって、そのこと以外に何らの根拠を持つものではないのだ。

しかしそうならば、言語ゲームの枠組みが違えば当然世界像は異なるであろう。しかも世界像とは明示的に語られることのない暗黙の知なのであって、どんな身近な他者であっても、そこに世界像が共有されているかどうかは、さしあたって不明である。そして、むしろそれが共有されていないであろう「他者の言語」との出会いが、はじめて私たちの意識をそこへと向けさせるはずなのである。

ここで私たちは、世界像の無根拠性という仕方で、おのれの拠って立つ基盤の空虚さに行き当たる。しかしこの気づきにおいて同時に、常識的には確かに無意味であるような「根拠なき疑い」の空間が拓かれる。それは根拠がないことへの当惑を埋めようとする営みであり、疑うという態度をとることを通じて、すなわち「疑うこと」そのもののデカルト的な「疑いえなさ」に依拠することで、虚無に向き合うことを回避しようとする営みなのだというべきである。

そのゆえかどうかはわからないが、死の五〇日ほど前になって、しばらく中断していた考察を再開したウィトゲンシュタインは、(5) それから死に至るまでもはや「世界像」という文字を、一度も書きつけることはなかった。そのかわり私たちの目を惹くのは、次のような断言である。

知識の究極の根拠は承認である。(『確実性』三七八節)

ここでいう根拠とは、もちろん通常の意味での根拠、すなわちある知識から遡ってえられるその基盤や背景のことではない。むしろウィトゲンシュタインは、知識の究極の根拠を見出すことなど不可能だ、といいたいのだ。そして、ここで「承認」と呼ばれているものは、その不可能性をさらなる懐疑によって覆い隠すことをやめ、あらゆる知というものが究極的には仮説であり虚構であることを「洞察」し、自覚的に受容することなのである。すなわちそれは正確な意味で、既存の言語ゲームと「わかれること」だといえるだろう。

しかし、それだけではない。むしろここに新たな「出会い」を見るからこそ、ウィトゲンシュタインはそれを知識の「究極の根拠」と呼ぶのである。承認とは「わかれる」ことによって「出会う」ための一つの姿勢なのである。その具体的なかたちをウィトゲンシュタインは「信じる」という営みの中に見出そうとしている。それは心理的な「信念＝憶測」のような意味ではなく、宗教的な「信仰」と同じ意味で用いられる（『確実性』四五九節）。宗教において、信じることはたんに何らかの信念内容を持つことなのではなく、その信念内容が現実に関する客観的な知識として一般に認められているものとは異なる知であることを自覚しつつ、そのことを通じて特定の「生き方＝生活形式」を受け入れ、持続させることである。これと同様に、私たちはみずからの生きるこの言語的現実の姿をも、いわば「情熱的に」[6]引き受けなくてはならない。ここで懐疑の無限性という「虚無」はまったく隠蔽されることなく見据えられ、しかもその上に同時に別の態度が重ね描かれる。両者のあいだに身分上の差異はない。あるのは情熱というエロス的な力によって生ずる差異だけなのである。

この、いわば「懐疑的解決」の徹底したかたちにおいて、私たちはついに「言語的ニヒリズム」に向き合い、それを自覚的に引き受けるウィトゲンシュタインの姿を見る。そしてこの場所から眺めるとき、それまでのウィトゲンシュタインが描いてきた言語ゲームという「像＝比喩」がはじめて生命を持って語りだすように思われるのである。

しかし、忘れてはならないのは、このニヒリズムの引受けが、決して問いの「おわり」を告げるものではなく、むしろ新たな問いとの「出会い＝はじまり」なのだ、ということである。私たちが他者の言語と出会うとき、それはたんに既知の世界観を受け取り直す媒介として現れるのではない。この出会いにおいて、他者の言語は必ず何らかの仕方で、既知の世界観に変更を迫るのである。そして場合によっては、他者の提示する全く異なった世界観をまるごと承認するようなこともありうるだろう。私たちが現実を生きる、ということは、他なるものを通じて世界と出会いつつ、多かれ少なかれそこから学び、自己の世界を変成させてゆくことなのである。それゆえ、既知の世界観を自覚的に受け取り直す場合においても、そこで現れる世界は決してそれ以前と同じ世界ではないはずである。それは新たに他者の視線を浴びつつ、そこに現れているのだから。

このような場面は「言語ゲーム」という考え方に、新たな光を当てることになるはずである。つまり、ここで他者との出会いは「原初的言語」とは別の仕方で、言語の使用法を新しく私たちに授けるものだからである。それは、大人が子どもに言語を教える場面のような、一方的な関係における規範の植えつけではなく、「対話」という循環の中で生み出される動的な秩序なのである。ただし、対話はまた容易に全く別の営みにすり替えられてしまうものでもある。例えばウィトゲンシュタインはかつてこうした場面を「説得」という概念で描き出そうとしていたが（『確実性』二六二節）、それは一見すると対話的に見えながら、実際には他者の言語を緩慢に死へと追い込む技法に過ぎないといえるだろう(7)。むしろ対話において重要なのは、そのように他者の語りをせき止めて自分の言葉を語る態度そのものを、変更することなのである。

自己の語りとは、それ自体としてはつねにおのれの知を語りつくそうとする運動である。しかしその運動が言語によって媒介されている限り、その中にあらかじめ胚胎され、また運動の過程において浸透してくる「他者の言語」が動力となって、言葉は尽きることがない。ここにおいて自己の語りをさらに保持しようとすることは、『論考』がそうであったように他者の言葉を封じ、対話を「おわり」へと急き立てることになってしまう。

それゆえ、対話を生み出すために必要なのは「沈黙」であるように思われる。もちろんそれは「おわり」としての沈黙ではない。むしろそれは「すでに語りうるもの」としての自己の語りをいったん埋葬し、その場所を「未だ語りえないもの」すなわち他者の語りのための「時間」として空け開いておく、そのための沈黙なのである。

このとき、言語的ニヒリズムはひとつの「方法」へと彫琢される。それは沈黙を媒介にした、言語的現実の「死と再生」の経験を開く。そしてこのことによって、世界はまさに「時間」をその豊饒さとして受け取ることになるだろう。すなわち、死を挟んで対峙する過去と未来という「奥行き」と、そこを往来する無数の他者の戯れと言葉が、日常の言語ゲームの細部に密やかに浸透し、生命を吹き込むように思われるのである。

註

（1）これらの作品群には油彩からスケッチまで、さまざまなヴァリエーションがあり、テーマとモチーフそれぞれで関連を持つ作品も多く存在するため、フーコーは論考の中ではあえて具体的な作品名には言及していない。フーコーは生前のマグリットと書簡を交わして互いに触発しあう関係となったが、結局対面は叶わず、フーコーが当該のマグリット論を発表したのはマグリットの死の翌年であった。また、フーコーが一九七三年に出版した著作では、この論にかなりの加筆修正が施されている。本稿ではこうした経緯についての立ち入った考察は控え、当初発表された論考のみを参照した。

(2) 一九二〇年代の半ば以降、シュルレアリスムの影響下で言葉とイメージの関係についての思索を深めていたマグリットは、「言葉の使用（L'usage de la parole）」と題された作品のシリーズを制作していた。これらの絵においては、〈パイプ〉のシリーズと同じく絵の中に言葉（単語）が書き込まれているが、それらは描かれたイメージとは直接結びつくことのないような単語である。マグリットが意図している「使用」と後期ウィトゲンシュタインにおける「意味の使用説」が共鳴しあうのは、言語規則の恣意性という問題圏においてである。しかしながら、両者の方向性はいわば正反対である。ウィトゲンシュタインは言葉の意味を「隠されたもの」と考えることを批判したが、マグリットはむしろ絵画を通じて積極的に図像から意味を剝奪し、そこに謎を作り出すのである。なお、マグリットと後期ウィトゲンシュタインの思考の類似点についてはスジ・ガブリックの論考"The Use of Words"が知られているが、そこには"L'usage de la parole I"というタイトルが付された件のパイプの絵が引用されている。この絵は当時アメリカの画家でコレクターであったビル・コプレーが所蔵していたもののようだが、これは現在ロサンゼルス郡立美術館に展示されている「イメージの裏切り（La trahison des images）」（一九二九年：カタログレゾネ番号三〇三）と同一の作品と考えられる。

(3) 映画監督のデレク・ジャーマンは以下のように述べている。「言語は、一連の写像（ピクチャー）だとルートヴィヒは信じていた。その後、彼はたくさんの映画を見て、この考えを捨てた」（『Wittgenstein Directed by Derek Jerman』一〇九頁）。無論ウィトゲンシュタインが実際に映画からの直接的影響によって言語観を転換したとは考えにくいし、後期において「像としての言語」という観念が完全に破棄されたわけでもなく、むしろより多様な機能を含む言語観へと「拡張」されたと見るのが正確だと思われるが、他方で後期の言語観は、彼の映画観に通じる側面を確かに持っているようにも思われる。「B級映画」を好んだといわれるウィトゲンシュタインにとって、映画の価値は決して事物の描写の精妙さや、思想内容の伝達の正確さにおいて測られうるものではなかっただろう。

（4）デレク・ジャーマン監督の映画『Wittgenstein』は、スタジオの中に暗幕がはりめぐらされ、最小限のセットや小道具によっていわば完全に「演劇的」に演出されている。しかしジャーマンはそうした演劇的な要素を「ウィトゲンシュタイン的」だと考えたわけではないだろう。むしろそれは映画であることを拒むことを通じて映画であるという、独特の身振りにおいて「ウィトゲンシュタインの映画ではない」「これはルートヴィヒ・ヴィトゲンシュタインの映画ではない」『Wittgenstein Directed by Derek Jerman』一一三頁）。「私の映画はルートヴィヒを描くものでも、彼について嘘をつくものでもない。それは明らかにされるためにある。それは論理なのだ」（同、一一四頁）。

（5）ウィトゲンシュタインはマルコムへの最後の手紙で、死の五〇日ほど前に突如として、もう一度「哲学をやれるような頭の状態になった」のだと述べている。この最後の時期に、『確実性』の三〇〇節以降最後までの考察が書き残されたことになる。詳しくは本書第五章を参照されたい。

（6）『反哲学的断章』一七八－一七九頁（MS136 16b: 21.12.1947）を参照。

（7）ただし、死の直前の考察（『確実性』六一二節）においては、説得のもつ「攻撃性」がはっきりと自覚され、その正当性が自問される。しかしこの論点をそれ以上展開させる猶予はウィトゲンシュタインには残されていなかった。

第二章

言葉が世界に触れる

『論考』における像と表現

1 はじめに

言葉を用いて何かを表現する、という行為には、ただ自分の心に浮かぶ思考や印象を言葉に置き換えて他者に伝達するというだけでは説明しつくせないような、豊かな内実があるように思われる。詩やエッセイや小説を書く、といった創造的な言語活動のことを考えてみると、それはまるで言葉を手先や触角や皮膚のように世界に晒し、それを呼び水にして世界自身に「語らせる」ような過程でもある。つまり、自分が計算し構想した通りに言葉を組み立てるのではなく、みずからの言葉を通じて世界と対話し、そこに響いてくる声を聴き取ることによって、そこにはたんなるルーティン・ワークではない新鮮な表現が現れるのである。

もちろん、言葉にかぎらず、音楽にしても絵画にしても、固有の語法を持ち合わせた諸々の表現行為には、必ずそれぞれの「言葉」を通じて世界との対話を生み出すようなプロセスが含まれているといえるだろう。そしてさらには、日常生活の中でのさまざまな「出会い」や「発見」においても、何らかの表現手段を用いて世界に向けて自己を開くような行為が重要な鍵を握るといえるように思われるのである。

このような言葉の「豊かさ」は、後期のウィトゲンシュタインが「言語ゲーム」の概念を用いて明らかにしたような、言語使用の「多様性」あるいは「重層性」とは、いささか趣を異にするものである。もちろん、「物語をつくること」も「祈ること」も言葉を用いて行われ、一定の規則に従う実践である以上、無数の言語ゲームのひとつには数えられるのだが（『探究』第一部、二三節）、そうした行為によって引き起こされる「何か」は、言語ゲームそれ自身からは抜け落ちてゆく。なぜなら、そこで起こる「出会い」や「発見」は一定の規則に従うことで達成される結果ではなく、むしろそこから別の規則に従う「ゲーム」へと跳躍することにおいて感じ取られ、理解されるものだからだ。

しかし、このことはウィトゲンシュタインが言葉のそうした働きについて無自覚だったということを意味するわけではない。後期の「言語ゲーム」という視点は、心理主義という「病」から言葉の意味の公共性を守るために導入した、ひとつの「治療法」にすぎないのであり、それは例えば「意味を瞬間に把握する」といった「意味体験」の積極的な位置づけを不可能にするという「副作用」を持っていたのだが、(1)ウィトゲンシュタインはそのことを承知で、あえて「言語ゲーム」という薬を用いたのである。そのことの是非は別として、ここで指摘したいのは、むしろ彼の前期における言語観の中では、決して十分にとは言いがたいものの、言葉が世界に触れることを通じてその意義（Sinn）が表現されるという、言語のダイナミズムがつかみ取られていたのではないか、ということである。そして、その意味においての前期の「言語観」は、決して後期の言語観と矛盾せず、「言語ゲーム」と相補的な仕方で保持されうるもののように思われるのである。本論ではそうした視点から、ウィトゲンシュタインの思考のうちに言語と表現の本質にせまるための手がかりを探ってゆくことにしたい。

2 像としての言語

『論理哲学論考』に結実した前期ウィトゲンシュタインの言語観は、他者との間に開かれた広範な日常言語を射程に収めた後期のそれに比べて、明らかに理想化された、自閉的な論理的言語のみを問題にするという点で、きわめて狭い、限定的なものである。また、「言語ゲーム」という概念のもとでの言語は、私たちのあらゆる実践に、それと切り離せない形で「織り込まれている」ものであり（『探究』第一部、七節）、そのような仕方で私たちの生活に「かたち」をあたえる背景のようなものであるのに対し、『論考』の言語は論理形式の共有によって世界を記述する「像（Bild）」としての言語、という、一見して旧弊な道具的言語観に未だ甘んじていたとも言えるかもしれない。例えば次のような箇所を見てみよう。

ある名はあるものを表し、他の名はまた別のものを表し、そしてそれらの名が互いに結合されている。その全体が——活人画のように——事態を表現する。（『論考』四・〇三一一）

命題の可能性は記号が対象の代わりをするという原理に基づいている。（『論考』四・〇三一二）

この部分だけを素直に受け取れば、言語は実在する世界を絵画や写真のように写し取った「画像」、あるいは世界を忠実に反映する「鏡」のようなものとして理解されていると考えたくなる。ただし、ウィトゲンシュタインが「像」と呼んでいるものは光学的な像ではなく、あくまで「論理的像」であることを忘れてはならないのだが、しかしそれでも、こうした言語理解が何らかの意味で表象主義的な様相を帯びているという印象は免れがたいものがある。すなわち、言語は主体と世界のあいだにあって、世界の意味理解を主体にもたらす媒介＝道具であり、主体もまた言語を通じて世界を表象するのだ、という認識論的構図である。(2)

しかし、問題はそう単純ではない。というのもウィトゲンシュタインは『論考』において同時にそうした認識論的な表象の理論をきっぱりと退けてもいるのである。「思考し表象する主体は存在しない（『論考』五・六三一）」と告げ、視野の図を引き合いに出しながら「見る主体」を世界から消去したとき、ウィトゲンシュタインは視覚の比喩で語られるような表象というモデルを、言語と意味の議論に持ち込むことを明らかに拒絶している。

それでは、言語を実在の「像」であるとする『論考』の「言語観」とはいったいどのようなものと理解されるべきなのだろうか。

＊

像としての言語、というアイディアをウィトゲンシュタインが思いついたのは、フランスの法廷で事件を再現するために模型（モデル）が使われる、という新聞記事を目にしたことがきっかけだったとされている（『草稿』一九一四年九月二九日）。しかしこのエピソードには、写像概念についての私たちの理解をある重大な誤解へと導く可能性があることに留意しておかなくてはならない。つまり、「模型」ということを私たちはつい「視覚的」に捉えがちであって、ウィトゲンシュタインがこの記事を通じて得た写像概念の核心を、単純にそれらの模型と実在の人物や事物とのあいだの「類似的対応」だと考えてしまうのである。

しかし、ウィトゲンシュタインはみずから、そうした誤解を避けるために、次のように記していた。

一見したところ命題は――例えば紙の上に印刷されている場合など――、それが現わしている現実に対して像の関係にあるようには見えない。しかし、楽譜もまた見たところ音楽の像には見えず、われわれの表音文字（アルファベット）も発話の音声に対する像になっているようには思われないのである。それでもこれらの記号言語は、それが表すものに対して、ふつうの意味でも像になっていることが知られよう。（『論考』四・〇一一）

ウィトゲンシュタインが「写像」という概念で意味していたのは、決して言語による世界の「模写＝コピー」ということではない。むろん、それが結果として何らかの類似性を持った像になっていたとしても構わないのだが、しかしそれはことの本質ではない。重要なのはその像があたかも実在の人物や事物であるかのように用いられ、そこで世界についての「思考」が生き生きと展開されるという、像的な「事実」のほうなのである。法廷の例においても、その力点は模型による事実の「再現」ではなく、それを用いた人々の「思考活動のリアリティ」におかれるべきだったのである。

従って、法廷において人々は現実のレプリカを見ていたのではなく、そこにひとつの独自の「現実」を生きていたのだ、ということになるはずだ。そして、そこから遡れば、法廷で裁かれていた当の事件そのものも「像抜き」で経験された事実なのではなく、やはり何らかの「像」を介してこそ、はじめて

「生々しく」経験されうるものなのかもしれないのである。

こうした思考において捉えられる「世界」とは、もはや「主観」によって認識される「客観世界」などではないし、そこでの「言語」は認識内容のたんなる外的表出ではない。言語とはいわばそれを通じてそこに世界が立ち上がり、生きられるようなひとつのリアリティの〈場〉だというべきだろう。

このことは、例えばレコードで音楽を聴く、という状況に喩えてみると分かりやすいかもしれない。頻繁に演奏会に出かけることのできない人間にとって、あるいはめったに演奏されない曲を愛好する人間にとって、録音メディアを「介して」音楽を楽しむことができるのは実にありがたいことである。むろん、つねに生演奏を聴くことができればそれに越したことはないのだろうが、そうかといって、普段私たちはレコードを生演奏の「代用品」と思っているわけでは必ずしもない。確かに本来、録音されたものは生演奏のコピーにすぎないのだが、私たちはそこに「コピー」を聴くのではなく、まさにその曲、その演奏を聴くのである。そして、時として演奏会の感動よりも深く生々しい感動を、ありふれた装置と廉価盤から受け取ることがあるのだ。

実は、こうした例による説明はウィトゲンシュタイン自身によって与えられているものである。

レコード盤、楽曲の思考、楽譜、音波、これらはすべて互いに、言語と世界のあいだに成立する内的な写像関係にある。（『論考』四・〇一四）

ある一般的な規則が存在し、それによって音楽家は総譜から交響曲を読みとることが可能となり、ひとがレコード盤の溝から交響曲を引き出すことが可能となる。また、その規則によって、総譜から交響曲が読みとられたように、交響曲を聴いたひとがそこから総譜を導き出すことができる。まさにこの点に、見かけ上まったく異なる形象における内的な類似性が存している。そしてその規則とは、交響曲を音符言語に射影する射影法則にほかならない。それは音符言語をレコード盤の言語に翻訳する規則である。(『論考』四・〇一四一)

私たちは「生演奏」という「ほんとうの事実」がまずどこかにあって、それを音波や楽譜やレコードという「像」が写し取り、その像を通じて演奏を受け取る、というように考えるかもしれない。しかしウィトゲンシュタインはそのようなことは言っていない。レコードや楽譜は世界に対して写像関係を持つのではなく、それが「互いに」写像関係にある、と言うのである。つまり、ここでの像は事実に対置されつつそれを表象するものの位置にはない。むしろ事実そのものを事実として現出させるものである、というべきだろう。それゆえ、像もまた「ひとつの事実」(『論考』二・一四一)であり、事実と切り離す事はできないのである。

ところで、このような言語の働きを、ウィトゲンシュタインは「記述」ではなく「表現(Ausdruck)」という概念を使う事で描き出そうとしていたように思われる。ただしあらかじめ注記しておくが、『論考』は決して「記述」という概念そのものを放擲したわけではなく、「命題とは事態の記述に他ならない」(『論考』四・〇二三)という文言さえ、見いだすことができるだろう。だが、そこでいう「記述」の意味は、いささか奇妙なものになっているのである。

普通「記述」といえば、そこではすでに記述の対象である何らかの現象や事物が記述に先立って想定されていて、言語はそれを後から写し取るのだが、『論考』においては、そうした「実体的世界」に触れるのは言語という表象ではない。触れるのはむしろ「論理的思考」そのものなのである。そして、言語はその思考の「表現」なのである。そして、この過程を通じて、言語は現実を「記述」していることになるのである。つまり、実質的に言語は世界を直に写し取るための「道具」としては機能しないのだ。いささか複雑なこの構造について、節をあらためて分析することにしよう。

3 表現の構造

『論考』の写像理論は、世界を言語が単純に写し取るのではなく、言語という像において、世界の事実が理解されうるものとして「表現される」仕組みについての理論である。「表現」という概念についてのウィトゲンシュタインの説明は、以下のようなものである。

> 命題の意義を特徴づける命題の各部分を、私は表現（シンボル）と呼ぶ。
> （命題自身がひとつの表現である。）
> 命題の意義にとって本質的で、諸命題に共通の部分としてもちうるもの、なんであれそうしたものが表現である。
> 表現は形式と内容を特徴づける。（『論考』三・三一）

ここでまず注目したいのは、表現が言語の道具的機能としてではなく、命題やその部分という言語の「現れ」もしくは姿かたちとして捉えられているということである。ただし、これはたんなる言語記号の「知覚像」ではないことが重要である。表現は命題の「意義」を特徴づける、すなわち意義のもとに現れている記号やその組み合わせが、表現と呼ばれるわけである。これに対し「記述」において像は世界から「意義」を写し取ることはできない。

だが、この「表現」としての言語は、いかにして世界の事実の像＝表現になりうるのだろうか。もし「記述」におけるように、言語に先立つ実体的世界を、言語が写し取るという関係が成立しているのであれば、この「像」には真偽が生ずる。しかし、こうした言語外の実体的世界と触れることがなければ、あらゆる言語的表現に真偽の区別はつけられなくなってしまうだろう。

それに対する『論考』の答えは「論理形式の共有」によって、というものである（『論考』二・二）。ふつう像が像であるゆえんは、なんらかの「類似性」が世界と像のあいだに見て取れるというところにある。例えば物まねのように、一方が他方の外的な特徴（見かけや話し振り、動作など）を備えている場合である。しかし、『論考』において像の像的性格を規定するのは、そうした外的な類似関係ではなく「内的」な関係であって、それが「論理形式の共有」であるといわれるのである。

内的、というのは、ある事実に偶然与えられている性質ではなく、その事実を本質的にそれ自身たらしめているような形式に関する形容である。そして内的な類似関係、というのは、まさにその形式を共有するようなものとのあいだに認められる関係のことである。レコード盤と、鳴り響く交響曲のあいだには、視覚的には何の類似性もないが、プレスされている情報の列と、鳴っている響きの中での音の列には、同じ構造、形式が認められるはずである。同じように、コップに水が入っているという事実は、「コップに水が入っている」という命題と同じ「論理形式」を持っているはずなのである。

重要なのは、ウィトゲンシュタインのいう「事実」とは、つねに「命題」に対応するものであって、物的世界を構成している個別的な「実体」ではない、ということである。私たちは何か事物に出会うとき、かならず「これはコップだ」「これはカラスだ」という「命題」的な仕方でそれを捉え、理解する。それゆえ理解された事実も命題的な構造を孕んでいるのである。

しかし、さらに見落としてはならないのは、世界の実体がなければ、そもそもわれわれは真なる事実に出会うことはできない、ということである。

世界にいかなる実体も存在しないとしたら、命題が意義をもつか否かは、他の命題の真偽に依存してしまうことになる。（『論考』二・〇二一一）

そのとき、世界の像を（真であれ偽であれ）描くことは不可能となる。（『論考』二・〇二一二）

何らかの実体と出会うからこそ、そこには論理が駆動され、像としての表現が立ち上がる。この実体なしに働く論理形式があるとすれば、それは空虚でしかないであろう。ただ、その実体はいかなる意味内容も直接に与えることはない。「世界のあり方は命題によってはじめて描写される」（二・〇二三一）、すなわち世界の意味は命題的な事実を通じてはじめて理解されるのである。むしろ、実体と出会うことは、命題が意義を持つための条件を与えるわけである。

さて、このような実体と思考の出会いの「仕方」こそは、論理形式の共有という写像の原理を根本的に規定し、そこにリアリティを保証するものであるように思われる。この「仕方」を次節では「接触」という概念から捉え直してみたい。

4 接触の論理

ウィトゲンシュタインは写像の概念を提示する際に、レコードの喩えに先立って、もうひとつの比喩を用いて説明を試みていた。それは「触角」の比喩である。

像は物差しのように現実にあてがわれる。(『論考』二・一五一二)

あてがわれた両端の目盛りだけが、測られる対象に触れている。(『論考』二・一五一二一)

写像関係は像の要素とものとの対応からなる。(『論考』二・一五一四)

この対応は、いわば像の要素の触角であり、像はこの触角で現実に触れるのである。(『論考』二・一五一五)

ここでウィトゲンシュタインは、像の概念にまとわりつく視覚的表象という誤解を振り落とそうとしている、といえるのかもしれないが、それ以前にこの表現は、論理形式の共有という写像関係のかたちを、実に卓抜に言い当てているように思われる。つまり、一言で言えば、言語は世界を写すのではなく、世界を「測る」のである。そして、測るために「触角」は現実に「触れる」必要があるのだ。

触れなくてもいいではないか、触角ではなくて眼によって測ることだってできる。確かにそうかもしれない。しかし、私たちの経験上でもわかるように、目測は誤りやすい。現実の事物の大きさ、状況の複雑さをリアルに感じられないためである。ガイドブックを完全に頭に叩き込んだとしても、その街の街区同士の距離感や、そこを移動した場合の疲労度は測れないのと同様に。

そしてもうひとつ。そういう「リアリティ」というのは、その道すがらに見える全ての風景の記憶の中にあるわけではない。思い出はつねに現実の美しい省略形であるように、私たちの言語表現のリアリティも、世界を生き生きと描き出すために必要な形式だけを取り出すことで、生み出されるのである。物差しの両端だけが触れる、というのはそういう意味であろう。

ここでの「接触」には、思考が世界と出会うときの二つのかたちが交錯している。一つは、何らか選択的な仕方で世界に距離をとって向きあうかたち。もうひとつは反対に世界の側から与えられる素材の中に身を置くかたち。視覚的表象のモデルを前者とすると、ここで言う「接触」のモデルは、この両者を含み持っている、といえるのではないか。そして、このいわば双方向性こそが、すでに述べてきた「表現」という概念の本質ではないかと思われるのである。(3)

＊

ところで、ウィトゲンシュタインは「表現」という概念を使うときに、どうも芸術における表現のことを念頭に置いていた節がある。ただしこれは『論考』においてはあくまで言語の働きを理解するための「比喩」の域を出ていないのであり、それゆえ『論考』における言語に芸術の言語を含んではならないのだが、しかし概念そのものを考えるときには、はずせない視点であるように思われるのである。例えば『論考』に先立つ『草稿一九一四-一九一六』には以下の章句が見られる。

芸術は表現である。
よい芸術作品は完成した表現である。（一九一六年九月一一日）

ともすると見過ごしてしまうような記述である。当たり前のことを言っているようなのだが、しかしなぜ芸術が表現そのものであると言えるのかという理由は、これまで見てきたような像の理論の理解を念頭に置くと、実に納得のゆくものに思われるのである。ふつう「芸術表現」ということを考えると、どうしても内面にある思想や直観のようなアイディアを芸術の言語＝技法を用いて外面化する、という手続きを考えてしまう。そして芸術作品の方はベンヤミン（Benjamin, Walter. 1892-1940）の言うように「今ここにしかない」という一回性によって「アウラ」をまとい、礼拝的価値を帯びたものとされる(4)。しかし、ウィトゲンシュタインにとって芸術作品の本質は作品の実体的なオリジナリティではなく、あくまでその作品において遂行されている「表現」である。それゆえ、そこではオリジナルとコピー、といった差異は問題とならない。オリジナルであっても、それは「像」のひとつでしかないからだ。つまりそれはアウラを失い、展示的な価値のもとに見られる「複製芸術」であるわけではないのである。そして、作品を鑑賞することは、ただ美しいものを享受することでも、それを分析し記述することでもなく、その作品をおのれの思考の、世界における「表現」として受け止めようとすることなのである。従って、ここでは見ることも聴くことも、いわば表現という像に参与することなのだ。

礼拝でも展示でもないところに生じる芸術の価値、それをここではさしあたって「対話的価値」と呼んでおこう(5)。それは表象としての作品表現を媒介にして価値を一方向的に提示するのではなく、表現という場を通じて世界の秩序＝論理を受け取り、そこに着地することであり、そのために何らかの実体に触れ、向きあうことなのである。そして、このことは芸術表現だけでなく、『論考』において意図されている限りでの「言語」全てに及ぶものであるはずだ。そして、その中で芸術の表現というものは、ある意味で「完全」であり一般的でありうるような表現のかたちなのである。

芸術作品は永遠の相のもとに見られた対象である。そしてよい生とは永遠の相のもとに見られた世界である。ここに芸術と倫理の連関がある。(同一〇月七日)

ただし、ここで見るように芸術は特定の素材にかかわるという限定性を持たされているがゆえに、対象の集まりという限りでの世界のリアリティを全体化してくれるにすぎない。それに対して「よき生」に立つことによって、世界そのものが全体化され、意義づけられる、とウィトゲンシュタインは考えている。すると、この「生」というのもひとつの表現であり、一つの像だ、ということがいえないだろうか。ただし、この生はもはや言語的な表現というものによっては、像たりえなくなってしまうだろう。言語を使う事は実体的な素材としての世界に触れることでしか表現たりえないのだから。すると、残された道が、言語以外のもの、すなわち「沈黙」によって世界に触れ、また対峙する道であるのは、当然といえば当然のようにも思われてくるのである。

ところで、先を急ぐまえに、考えておきたいことがある。それは先ほど「対話的価値」ととりあえず名づけておいた、表現の価値についてである。本来「対話」と言われるべきものは、たんに双方向的な影響関係のみならず、それが円環的に作用の連鎖を形成するような関係性のかたちだというべきではないだろうか。確かに、芸術表現における素材とのかかわりは、素材に問いかけ、あるいは素材に促されたり、裏切られたりしながら進展してゆくものである。そして、そのような「他者」としての素材を「受け取ること」において、表現はその実質を得るのだと思われる。しかし、ウィトゲンシュタインはここで、芸術を「永遠の相」というきわめて理想的な視点から対象に触れる身振りとして語っている。この態度は、重要な意味で彼みずからが設定した「対話的」な価値生成の場を、限定し閉ざしてゆくのではないだろうか。

これは本来芸術表現に限った話ではなく、むしろウィトゲンシュタインの念頭においている、思考の論理を表現する言語全般の問題そのものなのだが、ここでは芸術の例を引いておこう。ウィトゲンシュタインにとって、例えばマーラー（Mahler, G.）の音楽は「無価値」であるとされているし、シェイクスピア（Shakespeare, W.）の作品は「偉大ではない」「理解できない」などと拒絶されている[6]。それらに共通する性質はウィトゲンシュタインの言葉を使えば「非対称的」であること、と言えるだろう。マーラーの音楽は古典的な形式性から逸脱した病的なグロテスクといえそうだし、シェイクスピアは人間に対する根本的なペシミズムを抱えている。私たちはそうした芸術に出会うとき、驚嘆し、いったんは言葉を失い、長嘆息するであろう。しかし、その時間を通じて世界の意味が捉え直され、私たち自身の中に棲まう逸脱や人間不信が肯定的に受け止め直される。そこには芸術だけが与えてくれる「カタルシス」が確かにあるように思われる。そのような作品は、決して「永遠の相」にはない存在、すなわち移ろい揺れ動き、宙づりになった「対象」としての人間を表現するものであるがゆえに、ウィトゲンシュタインからすれば、いわば「不完全な像」と思われたのであろう。

実のところ、ほとんど同じような仕方で、ウィトゲンシュタインは「日常言語」を拒絶し、その中から論理的に秩序だった「理想言語」だけを抽出した（『論考』四・〇〇二）。それはいわば永遠の相から見られた言語だったのである。そして、その所作は、論理的な理想言語そのものに対しても、その本来の機能を骨抜きにするように働いてしまったのではなかろうか。つまり、表現としての言語であり、世界の生き生きとした意味理解の場であったはずの言語は、実体に触れ、世界を測りとる対話的な時間を、触れる側の「理想化」というあらかじめの管理のうちに奪い去られ、結果としてただ対象を写し取るのと同様の、表象主義的な関係図式による誤解に自ずと身を晒すことになったのである。
さて、このような仕方で『論考』の像理論は自己閉塞に陥ってゆくのだが、ウィトゲンシュタインはその閉塞を別の方向で徹底させることによって、ある境地へと到達したのだとも言える。それが先ほど述べた「沈黙」という方法であった。以下この問題に言及して、本章を閉じたい。

5 沈黙と表現

前期と後期のウィトゲンシュタインにおける、一つの大きな違いは、前者が「沈黙」について語るのに対して、後者がそれを語らないことである。『論考』において「沈黙」は大きくわけて二つの役割を担わされていた。一つは、確かに語りうるものの領域を定める役割、もう一つは「語りえないもの」を言語から守る役割である。語りうるものとそうでないものの区別、という点に関して言えば、後期の思考はその両者をもはや分け隔てない。というのも『論考』が語りえないものとした「意義のない」命題や「意義を欠く」命題も、何らかの言語ゲームにおける使用を持ちえないとはいえないからである。そういう意味で「語りうるものの領域」を定める必要はなくなっていたといえよう。では、二番目の役割はどうであろうか。

ウィトゲンシュタインが沈黙によって守ろうとした「語りえないもの」は、倫理や価値に関することがら、世界の限界としての「私」、そしてもう一つ、世界と言語の関係としての写像の形式の三種類である[7]。そしてこれらの事柄は、語りえず、示されるものだとされている。ここで注目したいのは、第三の「写像の形式」についてである。像において世界が意味を孕んで表現されることの根底には、思考と世界の実体の出会いがあった。そしてこの接触を通じて思考は世界と論理形式を共有する。その共有のかたちが写像＝表現であった。このとき表現は決して世界の実体を写し取るのではなく、それを「対象」（とその結びつき）として測りとる。写像形式と言われるものは、言ってみればこの「測りとる」ことの形式なのである。そして、それは語りえない。

それは、いわば測られるものと測るものの結びつきの必然性であり、理由なのである。しかし、私たちの言葉には、言葉が語る対象との必然的な結びつきなどない。「カラスは黒い」が「カラスは黒い」でなくてはならない理由はないのである。しかし、それがいったん結びついてしまえば、「カラスは黒い」は「カラスは黒い」以外の何ものでもなくなる。そのように結びついたものが「像」であり、その本質的な機能が「表現」と呼ばれていたのである。ちなみに表現は「シンボル」とも言い換えられていた。シンボルとはある意味をもった言葉に、かならずしも必然的な繋がりがあるとは限らないような別の意味が結びつけられてできた記号表現のことだが、いったんシンボルとして成立してしまうと、私たちはそれをほとんど必然的な関係のように見做し、理解する。このような、恣意性が必然性に転換する構造こそ、写像の形式といわれるものなのであり、確かにそこには「なぜ」の問いを超えるものが存在するといわなくてはならない。

実は、後期のウィトゲンシュタインもこうした問題にまさに触れていた。規則に従うことの問題である。そして、そこでもウィトゲンシュタインはきわめて類似した方法をとった。つまり、なぜ私たちは規則に従うのか、といえば、そこに理由はなく、ただ盲目に規則に従うのだ、と言うのである（『探究』第一部、二一九節）。つまり、ここでも「語りえないもの」は残る。ただし、それについて「沈黙」することはもはやできていない。つまり、規則の従い方を巡っては無数の可能性が「語りうる」ものであり、その可能性を排除することは原理上できない。そこでウィトゲンシュタインは「沈黙」ではなく「盲目」という技法を選んだ。存在することを承知で、語ることをやめるのではなく、存在を見えないものとする視角をとることによって、語りうる状況をも消すのである。(8)

こうした後期の方法論の是非は別として、この前期と後期の対比から見えてくるのは、前期における「沈黙」のもつ独特の力である。後期の「盲目」という態度が、言語規則の恣意性を乗り越えるために見失わざるをえなくなったものは、私たちが言語の外部たる何者かに出会い、それに言葉を差し向けつつ、そのあいだに世界というリアリティを立ち上げてゆく、そういう言語活動への眼差しである。言語ゲームという装置を通じてみた世界の中では、もはや言語の外部に出会うことはないのである。これに対して、『論考』における「沈黙」は、皮肉なことに、そこにある「表現」という力学を静かに見守り続ける。ここには、『論考』においていささか狭隘な場所に追いつめられていた「表現」が、しかしその本質において根絶やしにされずに生き残り、再び芽を吹く可能性を見ることができるように思われる。そして、それを可能にしているのは、私たちが言葉を通じて世界に出会うことの重みと拮抗しようとする「沈黙」の力なのである。(9)

註

(1) ウィトゲンシュタインの「意味体験」との格闘はいわゆる「アスペクト問題」というかたちで『探究』第一部から第二部への移行を形成する議論になる。

(2) 例えばHacker(1972)は『論考』の言語観を「表象主義的観念論者の経験に類似している」としている。

(3) この双方向性を写像(Abbildung)と射影(Projektion)の二重性の問題として理解することもできるが、これらの概念自体が、表象論的な枠組みに取り込まれてしまう要因であるともいえるので、本書では別のアプローチを採っている。

（4）Benjamin（1970：邦訳五九五頁以下）参照。また、本論の立場とは異なるが、ベンヤミンが映画の中に見ていた新たな可能性や、そこでの視覚に対する触覚的受容への注目などは示唆に富む論点である。ちなみにベンヤミンの映画論はロベール・ブレッソンの「シネマトグラフ」の概念に通じるところがあるように思われるが、この「シネマトグラフ」とは、舞台演劇を模写するかのごとき「シネマ」ではなく、職業俳優を排除し素人を「モデル」として訓練することによって、いわば映画の内部においてオートマティックにひとつの生きた世界を創造する技法なのである。とするならば、それは『論考』の写像理論に酷似していると思われる。詳しくはBresson（1975）を参照。

（5）芸術における対話、というアイディアについてはBuber（1924）を参照されたい。

（6）『断章』一九四八年一月一四日（マーラー）、一九五〇年四月二四日ごろ（シェイクスピア）。

（7）『論考』六・四二（倫理）、五・六二（私）、四・一二、四・一二一（写像形式）。

（8）ウィトゲンシュタインの「盲目」の技法に関しては本書第一章を見られたい。

（9）作曲家の武満徹は、以下のように書いている。「私は——言葉に限らず自身の音楽について考えるのだが——concreteな音を手にすることこそ大事だと思う。それは〈沈黙〉と測りあえるほどに、強い少ない音であるべきなのである」（武満、二〇〇〇：第一巻六三頁）。沈黙に拮抗することのできる言葉を発するためには、また安易な言葉に拮抗する〈沈黙〉にとどまる意志が必要となるだろう。

第三章 言語ゲームの向こう側
ウィトゲンシュタインと「人間」の問題

1 はじめに

後期のウィトゲンシュタインにとって「人間」とは「言語ゲーム」が生きられているという事実そのものであった。すなわちそれは生物学的、人類学的な記述の対象になるような「ヒト」でもなければ、意識し思考する「私」という精神的主体のことでもない。それは世界が言語的に意味を孕んで立ち現れている形式のことであり、そのダイナミズムのことである。

同じことを前期のウィトゲンシュタインは生きられた「論理」として描き出そうとしていた。しかし論理という「不意打ちのない」秩序として人間を捉えようとすれば、肉体を持った具体的な人間たちによって展開されている日常の豊饒さは阻却されるほかはない。だから『論理哲学論考』の世界はありのままの世界にはなりえず、全てにおいて不意打ちなく透明化された理想郷に過ぎず、そこに「他者」としての人間の現れる余地はない。論理が生きられていることは、本質的に独我論的、すなわちこの「私」にとって世界が論理的に生きられていることなのである。このとき、世界に意義を見いだす「私」の、世界への超越的＝垂直的関係は、それ自体世界全体へと融合されてしまう。ここには、世界に対して特権的な意義づけを行う主体として人間を捉えるような、近代哲学の常道としての「垂直的」人間観の、極限的な姿があるが、しかしそうした営みは「人間」によって生きられた世界の複雑な現象形態とは、もはや交差するところを持たない。

だが、それでは後期の「言語ゲーム」という道具立てが、生身の人間の「ありのまま」を捉えるに十分な概念装置だったのか、といえば、答えはイエスであり、ノーでもある。というのも、この概念を通してウィトゲンシュタインが捉えようとした人間の姿は、ある偏った仕方において「水平性」のうちに見て取られたものだったといえるからである。そしてその偏向の理由は、そのような人間観において現れてくる人間の「果てしなさ」にあるのだと思われる。

本章ではそのようなウィトゲンシュタインの人間観の変転を辿りながら、その最晩年の仕事の中に、人間というもののこの「果てしなさ」の受容についての、ひとつの手がかりを探ってみたい。水平的思考の徹底によって見えてくる場所とは、いわば水平的な「人間論」の果つるところでありながら、同時にある意味で「人間」という概念に私たちが「はじめて」出会う場所であるように思われるのである。

2　他者としての人間

ウィトゲンシュタインは『論考』を書き上げた後、いったんは哲学を辞めて学校教師の道を歩み出すものの、数年後に挫折し、再び哲学の道を歩み出す。当初は『論考』に基づく世界観から出発しながらも、その思考の軌跡は見る間に変転を重ね、やがて「言語ゲーム」と呼ばれる概念のもとに広がる独特の「後期」思想の眺望が獲得されていったのである。

この「転回」の事情は『論考』という著作のテクニカルな破綻から捉えることもできるが、ここで注目したいのは、その世界観＝人間観の「転回」という側面である。すなわちそれまではあくまで「論理」の光のもとに現れていた「世界」が、中期の思考では別の光の中で照らし出されることになるのである。『論考』時代のウィトゲンシュタインは、世界が言語を介して論理的な仕方で理解されている、そのリアリティの仕組みを、言語と世界の「写像関係」というかたちで描き出そうとしていた。言語というものはそれだけではたんに恣意的な記号の集まりに過ぎないのだが、それを用いる「私」にとってはつねにすでに「意味」のもとに理解される。つまり言語的な表現そのものが、リアルな事実の立ち上がる現場であり、私は言語を通じて世界に触れる。「像」とは対象的世界の視覚的表象ではなく、むしろ私が思考を通じて世界に出会う現場としての言語＝表現なのである。

しかし、言語が記号としては恣意的なものだとすれば、ひとつの表現は全く異なる意味理解と結びつけられてもおかしくはない。また言語を通じたひとつの思考も、全く違った世界の事実と結びつけられるかもしれない。同じ言語表現も違った視点を持つ他者にしてみれば、違った意味で受け取られうるだろう。とすると、『論考』の世界理解はひとつの典型的な独断論に陥ってしまうのではないか。

この危険を回避するためにウィトゲンシュタインが採った方策は、日常言語の多様性に目を閉ざし、ある独特の「理想言語」を通じて世界のリアリティを記述することだった。それはまず第一に、全ての命題は相互に独立した要素命題へと分析されうる、という原子論的な構造を持つ言語である。つまり、日常言語において表面的に多義的に用いられるものも、論理的には別の意義を持つ命題に分析されると考えるのである。しかし、そのような分析自体が独断である可能性に出会うことが、「他者の言語」に出会うことである。それに対してウィトゲンシュタインの採った第二の方策は、よりラディカルなもの、すなわち「他者の言語」そのものを世界から排除してしまうことだった。それが『論考』五・六節以下に現れる「独我論」をめぐる主張である。

私の言語の限界が、私の世界の限界を意味する。（五・六）
論理は世界を満たす。世界の限界は、論理の限界でもある。（五・六一）
世界が私の世界であることは、この言語（私が理解する唯一の言語）の限界が、私の世界の限界を意味することに示されている。（五・六二）

ただし、この作業は単純に「他者の言語」を否定し「私の言語」を選択するといったものでもなかった。ウィトゲンシュタインはさらにここでその「私」さえも世界の内部から消去するのである。「主体は世界に属さない。それは世界の限界である」（五・六三二）。そしてこの「独我論の徹底」によって到達される境地をウィトゲンシュタインは「純粋の実在論」だと言う。「独我論の自我は広がりを欠いた点にまで縮退し、自我に対応していた実在が残される」（五・六四）。

ここに見られるのは、ある種の予定調和へと収斂するような仕方で密かに遂行される、世界の超越的=垂直的意義づけのかたちであると言えるのではないだろうか。しかしこうした言語観が私たちの生きている現実の言語経験に比して著しく狭隘であることは疑う余地がない。そしてさらに言えば、この理想的言語が生きた論理として駆動するためには、どうしても他者と共に生きる言語的現実の全体の中に、それを位置づける作業が必要になるのではないか。つまり、そのような「場」の中に置かれなければ、言語は生命を持たないのである。この「場」への、論理の着地についての思考が芽生えるとき、ウィトゲンシュタインの「転回」が始まる。(1)

ここで注目しなければならないのは、中期のウィトゲンシュタインが「他者としての人間」に出会い、他者とのいわば「水平的」な関係性の中で、他者の側から与えられるものとして、現実の世界の意味秩序を規定しようとしたことである。そしてさらに見落としてはならないのが、この「関係性」が決してたんなる「社会性」のように三人称的＝外在的に観察される人間同士のコミュニケーションではなく、あくまで「私」にとって現れる「他者」への「二人称的＝内在的」視点から発見される関係性として捉えられていた、ということなのである。

例えば、中期の劈頭、一九三〇年レント学期の講義録にある議論を見よう。

命題を「理解する」ことは、いったい何を意味するだろうか。私は君の指令を理解しても従わないことがありうる。そのことについて考えはするが、それにのっとって行為しないということがありうる（同様の困難が、記憶や期待においても生じる）。だとしたら、いったいいかにして、人が命令を理解しているということを発見しうるであろうか。（『講義30』三〇年一月二七日、邦訳二四頁）

何でもない問いかけのように見えるが、ここには明らかに『論考』には存在しなかった問題意識が芽生えている。すなわち、私に対して命令する他者がそこに立っており、その命令という「他者の言語」に向きあう私がいる。そしてさらに、ここでの他者はたんに「理解の対象」であるにとどまらず、命令と服従という「実践」を共にするような他者なのである。

しかし、そのような他者に向きあうことは同時にひとつの難題を抱え込むことでもある。それがすなわち言葉を「理解する」とはいかなることなのか、という問いなのである。上の例において、私が他者に命令する場合の他者の反応は、命令に従うか従わないかのいずれかである。しかしそれは命題を理解したか、しなかったかの違いではない。なぜなら私は命令に対して理解して従わないことがありうるのだ。するとここでの反応は四つの可能性を持っていることになる。命令を理解しそれに従う場合と従わない場合、命令を理解せずに従わない場合、そして理解していないにもかかわらず、従っている場合。だが、私が命令する側に立った場合を考えたとき、相手の反応だけを見て、相手が命令を理解しているのか否かを区別することは難しい。それゆえ、私が他者とある命令＝規則について共通の意味理解を持っているという事実を確認することは、原理上できなくなってしまう。そして私が「理解している」と思っていることが「誤った理解」である可能性を払拭しきれなくなってしまうのである。

しかし、もし私が他者と規則の意味を共有できないとしたら、そもそもコミュニケーションそのものが成り立たなくなってしまうだろう。確かに他者とのあいだに交わされる言語は『論考』の言語のような論理的な透明性を持っていない。しかしだからといってそこに何の秩序も働いていないというのだろうか。そんなことはあるまい。私たちは現に言葉を用いて他者との関係を保ちつつ、共に生活しえているではないか。そこには確かに何らかの形で「規範性」が確保されているはずである。だが、それはどのような「かたち」で確保されているのだろうか。

このような問いはそれまでの哲学の中においては、いわゆる「他我問題」として議論されてきたものであった。覗き込むことができない他人の心について、私たちはいかにそれを「知る」ことができるのか、という問題である。もし知りえないのだったら、私たちは他者に対する疑念にとらわれて日常生活を平穏に送ることなどできないだろうし、もしそうできたとしても、他者が全て自動機械である、といった世界観を生きることになるだろう。

しかし、実際はそうではない。私たちは現に、他者を心あるものとして遇し、他者の心について語るという「生活の形式」を持っているはずではないのか。もちろんその通りである。しかし、ここで求められているのは人間という種の生態や社会をたんに「自然誌的」に記述すること、ではない。むしろここでは、そのような自然誌的記述に至る「道筋」を探りあてることが重要なのである。そのために必要なのは、実際に他者と向きあっている私が、どのような仕方で他者の心という「未知」への懐疑を克服＝引き算しているか、ということの考察であろう。だが、多くの論者たちの採った方策は、他者の「内面」についての知を私がいかに獲得するのか、という「足し算」のかたちの探究でしかなかった。素朴な類推説にはじまり、共感や自己移入、あるいは発達論的な分化説などのさまざまな「解決策」は、他者が懐疑の可能性を孕んで現れる、という「事実」を無視するところから出発してしまうのだ。

しかし、そこには私が現実に出会い、向き合おうとする「他者」の姿はない。そうした他者はいわばはじめから「私」と同じような「内面」を備えたもう一人の「私」であり、それが客観的対象＝三人称的対象としての「身体」の内に投影され、読み込まれていたに過ぎないのである。これに対してウィトゲンシュタインは「私」という視点から出発しながら、それを実際に他者とともに生きられている現実の規範性へと「着地させる」ような方法論を探究する。それは他者を私に回収するのではなく、懐疑がそこに生み出されるような一人称的視点を、徹底的に「二人称」的な関係性の水準へと埋め込んでしまう、というものである。すなわち規則を共有することから、規則の内的、心的理解をいわば切除するのである。そしてそれを可能にする舞台装置が、「言語ゲーム」なのである。

3　言語ゲームと二人称的関係

「言語ゲーム」という概念は、決してただ言語活動をゲーム、すなわち何らかの規則に従う活動として捉える、というだけのためのものではない。ゲームとは一般にはサッカーや将棋のように一定の規則を遵守することで成立する活動であるが、同時に子どもの遊びがそうであるように、勝手にゲームに出入りしたり、規則を変更したりすることができるものだといえる。そうした「恣意性」がどこかで確保されているからこそ、それは「遊び」になるのである。しかし、ウィトゲンシュタインが狙っているのは、まさにそうした「恣意性」を克服することだった。そこで彼は、言語活動をゲームに喩えてそれが規則に従う活動であることを強調しつつ、それにとどまらないある性格を言語から取り出す。それが『探究』の冒頭に登場する『原初的言語』というモデルである。

Aは石材で家を建てている。石材には台石、柱石、板石、梁石がある。BはAに、Aが必要とする順序で、石材を渡さなくてはならない。この目的のために彼らは「台石」「柱石」「板石」「梁石」という四つの語で成り立つ言語を用いている。Aはこれらの語のどれかを叫ぶ；――Bは、その叫びに答えて持っていくことを教わった石を、Aのところに持っていくのである。――この言語を、完全な原初的言語と考えよ。（『探究』第一部、二節）

このきわめて単純化された言語は、言い換えれば命令と服従によって成り立つ言語である。Aは命令し、Bはそれに従う。しかしすでに見た中期の問いとは違って、そこには命令を「理解するが従わない」ような「私」はいない。Bとは、ただAの叫びに反応し命令を実行する「私」なのである。むろんその「私」は命令を「理解しない」わけではないのだが、この場合の理解は自分の中の内的な過程、すなわち何らかのことを頭の中で想像するような過程を持つことではなく、理解すること即ち実行することである。それゆえ、この言語には規則の恣意的な理解が入り込まないことになる。

だが、どうやってそんなことが可能になるのか。ウィトゲンシュタインの答えは「教育によって」というものである。Bは言語をそのようなものとして端的に学んだのである。つまり繰り返し、ある語が叫ばれるとある石を運ぶ、ということを憶えさせられたのである。「言語を教えるということは、ここでは説明ではなくて訓練なのである」(『探究』第一部、五節)。確かに子どもは母国語を学ぶとき、その語の意味を説明されるよりも前にその語の「使用法」を実地に憶え込む。そして意味の説明は後から学ぶのである。

ウィトゲンシュタインはこのような仕方で言語規則が行為に直に織り込まれているような実践のプロセスを「言語ゲーム」と呼ぶ。そしてこの概念は同時に「言語とそれが織り込まれる行為の全体」(七節)へと拡張される。それは、あらゆる言語活動をこの「原初的言語」つまり命令と服従の言語のモデルから理解しようとすることに他ならない。そして、そのようにするとき、「私」は「規則の意味理解」という呪縛から解き放たれるだろう。目の前に現れるのはただ他者から与えられる実践への「直示」だけなのであり、「私」はおのれに直面する二人称的な他者の声の中に、みずからを消し去っているのである。

ただし、ここで「私」が本当に他者の命ずる規則に従って行為したのか、という問いが残らないわけではない。つまり行為の結果だけを見れば他者の意図と私の行為は一致する。しかしそれは偶然かもしれない。私は他者の期待した応答を行いながら、しかし彼の命じた行為規則を体系的に誤解しているのかもしれないのだ。いわゆる「規則のパラドクス」として有名になったこの問いを前にしてウィトゲンシュタインが用意したのは、次の答えである。

規則に従うとき、私は選択をしない。
私は規則に盲目に従う。(『探究』第一部、二一九節)

命令に従う、という時、私は確かにその命令を解釈し、逡巡し、それに従うか従わないかを「選択」するように思われる。そこでの「解釈」は他者の命令の意図と食い違うかもしれない。しかしウィトゲンシュタインはそのことを認めないのではない。ただもし「命令に従う」とすれば、たとえそれが他者の意図に基づいていなくとも、全く他者の意図とずれた仕方で命令に従うのだとしても、同じ「従うこと」に変わりはない。そしてそのような内的な「解釈」がどうあれ、他者の命ずるような行為を実際にすることが、他者の命令に従うということなのである。規則に「従う」ことは「規則を解釈すること」ではなく端的な「実践」なのである。

さて、このようなウィトゲンシュタインの主張は一面で正しいように見えるが、そのことによって「言語ゲーム」という概念のもとで得られる、人間の生活実践についての眺望はいささか硬直し、偏ったものになっているようにも思われる。たしかに言語ゲームにおける規則遵守の盲目性、というテーゼによって、私たちは人間の言語活動の中に規範性が根をおろしている「かたち」を捉えることができる。つまり、私たちは子どもの頃から、与えられた規則に盲目に従うことによって言語を学ぶのであり、他者の言語を理解することは、いわばその「原初的言語」を実践の中で反復することなのである。しかし、こうした「かたち」はあくまでひとつのモデルであって、私たちが現実において他者と共に、ある規則に従って活動しようとする場合に、このモデルをすぐさま適用するわけにはいかないのではないか。というのも、この「モデル」においては、実践をともにする他者の性格がある意味で絶対化され、その「他者性」が縮減されてしまっているからである。

「原初的言語」のモデルにおける他者は、私に対して「命じる」他者であり、「教える他者」である。(2) そしてそれが親であったり教師であったり上司だったりする限りにおいて、すなわち命令や教育というゲームの中で彼らに出会っている限り、私は一方向的にその言葉に従わなくてはならない。しかし私たちが日々出会う他者は決してたんにそのように、私に対して一方的に現前してくるだけの他者ではない。私は他者に応答し問いかけることができる。その応答は単なる従属だけではないはずだ。現実において規則に従うこととは、いわばその応答を通じて、他者との関係の内に規則を新たに受け取り直すことであり、また場合によってはある規則を改変し、あるいは全く新しく作り出すことなのである。

ウィトゲンシュタインは他者との二人称的関係に定位しながらも、規則を理解する「私」という内面性を規則の実践の中へ解消する。しかしそのことが現実における規範性の確保につながるためには、規則を介して私が出会う他者の他者性、つまり他者の規則理解という「外部」をも規則の中へ「縮減」しなくてはならない。そうならば、私たちの言語的現実を構成する「二人称的関係」とは、いわば私も他者もないような「無心の共同行為」なのだろうか。それとも全く自動機械のような「行動」なのだろうか。

私たちが二人称的関係性のモデルとしてむしろ理解しやすいのは、宗教哲学者ブーバー（Buber, Martin. 1878-1965）の「われ-なんじ」であろう。ウィトゲンシュタインとブーバーはほぼ同世代で同じウィーンに生まれ育ったこともあり、さまざまな点で似通った部分を持っているようにも思われる。(3) すなわち両者とも、世界を二人称的＝水平的な関係性において開かれるものと考えたのであり、しかもその関係性は言語の働きにおいて根源的に規定されているのである。しかしブーバーにとって「われ-なんじ」の二人称的関係世界は「命令と服従」のような一方的関係ではなく、根本的に「対話的」であり「双方向的」なものである。そして、この関係を切り開くのは「なんじ」という言葉が語られること、すなわち他者へ「呼びかける」態度そのものなのである。つまりブーバーにおける他者は私へと到来してくるのではなく、私がそこへと思いを向け言葉をもたらす他者であるといえるだろう。

この「呼びかけること」によって他者の「応答」がもたらされ、それを受け止めることで「対話」が生まれる。この過程において、私は他者と真の意味で出会い、共にひとつの世界を生きるはずである。他方、ウィトゲンシュタインの「言語ゲーム」においては、この「対話」を私たちの言語的な規範実践における本質的な要素として位置づけることができないのである。

しかし、なぜウィトゲンシュタインがそのような偏向の道を歩まなくてはならなかったのか、ということを考えてみる必要もあるだろう。そのように考えることは実はブーバー的な関係性理解の持つ難点を発見することにも繋がるのである。

4 対話と他者

「他者」に出会う、ということは、私たちにとって日常茶飯事の出来事であり、それなしに生活は成り立たない。しかし私たちはそうした他者たちに、常日頃から「他者」として出会っているわけではない。電車で見知らぬ人と隣あわせになっていても、その人は「他者」などという抽象的な概念で捉えられる以前に、学生やお年寄りやサラリーマンや主婦、などといったカテゴライズを瞬時に与えられてしまっている。だが、一見サラリーマンに見える、というだけで、その人が実際は何者で、いかなる来歴や思想を持った人物なのか、といったことは分かっていないはずである。もし私がその人物をブーバーのいう「なんじ」として受け止め、その人に呼びかけようとするならば、私は同時にこの見えない奥行きを持った一人の人間の全体へと誘われることになるだろう。

しかし、私たちはたとえ表面上「二人称」を用いて相手に語りかけているとしても、多くの場合、実際にはこの「奥行き」への関心を遮断し、相手に既知の「キャラクター」を貼付けてその枠内で相手を理解しようとしてしまうのではないか。というのも、他者の見えない「奥行き」そのものに向き合おうとすれば、同時にそこにある「未知」の世界が私をおののかせ、不安に陥れるからである。ウィトゲンシュタインが中期において出会った「他者」も、このような「未知」を孕んで現れていたがゆえに、それは規則の意味理解の透明性を攪乱し、規範性のかたちへの新たな探究を促したのであった。だが、中期から後期へ向かうウィトゲンシュタインも結局のところ、この「奥行き」という、懐疑を生み出すような他者の他者性を「遮断」するようなモデルを二人称的関係の中に見つけ出すにとどまっていた。

こうした仕方でいわば他者の他者性を「隠蔽」してしまうならば、私たちが他者と共に生きている世界のリアリティを十全なかたちで捉えることはできないはずである。しかしながら、同時に、そのような仕方で隠蔽せざるをえないほどに、他者と向きあうことには「困難」がつきまとうのだ、ということもできるだろう。つまり他者に対する「懐疑」の可能性そのものは、いかなる仕方でも完全に消し去ることはできないのであり、いったんその懐疑に捉えられてしまうと、他者は果てしなく私から隔てられつつ、現前する存在として私を惑わせ続けるのである。それゆえ、他者を心あるものとして受け止める、という人間の「自然誌」は一面ではまさに自然な日常として実現されているのだが、実際にその自然さをつくりだしている「かたち」はウィトゲンシュタインが見いだしたような、他者性の遮断という形式なのだ。

では、ブーバーのいうような「対話」はどのようにしてこの「困難」を超えるのだろうか。「人間の間柄の諸要素」においてブーバーは、人間の間柄の領域における「真実」を「人間がお互いに彼らのあるがままのものとして心を打ち明けあうこと」だと述べた上で、次のように主張する。

ここで問題となるのは、ある人が他の人に自分の思いついたことをすべて言うことではなく、ただ彼が自分と他の人々との間にいかなる仮象も忍び込ませないということである。(『ブーバー著作集2』九六頁)

ここで「仮象」と呼ばれているものは、その人物が何であるか、という「存在」ではなく、その人が「どのように思われたいか」といった、その人についての「像」のことである。そうした像は、ひょっとすると相手の心の中に結ばれているその人への評価と一致しているかもしれない。しかしそれは外から覗き見ることのできないものである。他者への疑いを沸き起こし、人間関係を難しくするのは多くの場合、そうした「測りしれない」他者の内面にあるかもしれない、自分への評価の視線を先取りしてしまう「態度」である。それゆえお互いの心を打ち明けあうことは、決してすべてをさらけ出しあうのではなく、お互いの「存在」を「どのように見せたいか」といった仮象から解放されたありのままの姿で受容しあうことなのである。

なるほど、ここには確かに対話的コミュニケーションの成立するための条件が、ウィトゲンシュタインの「原初的言語」とは違ったモデルで提示されている。そしてその教えるところはきわめて実践的に重要な態度であろう。人間的かかわりの出発点は、相手の存在を無条件に承認するところにある。そして、しばしばこの部分が欠けているために、コミュニケーションは不全になるのだ。

しかし、このモデルはまたウィトゲンシュタインと違った意味で、他者の他者性を縮減しているのではないか。すなわちここではあらかじめ「お互い」が心を打ち明けあう、という理想状況が設定されてしまっているために、「仮象を忍び込ませない」という態度がコミュニケーションを切り開く、というダイナミックな関係性の構築が描写できないのである。

ブーバーの「われ - なんじ」関係には、ある意味でそのような他者の「理想化」がはじめから組み込まれていた、と見ることもできる。ブーバーと同じユダヤ人の哲学者レヴィナス（Lévinas, Emmanuel, 1906–1995）は、その影響に感謝をささげつつも、以下のような印象的な批判を書き残している。

ブーバーにとっては、私が呼びかける相手たるなんじは、この呼びかけにおいてすでに、私になんじと呼びかける私とみなされている。それゆえ、私にとっては、私によるなんじの呼称は当初から相互性の創設であり、同等性と衡平の創設であろう。（中略）私たち自身の考察では、他者への接近はそもそも他の人間への私の呼びかけのうちにではなく、他の人間への私の責任のうちにある。（「ブーバーについて」『外の主体』七六頁）

レヴィナスにとっての他者は私が「責任」を負う他者である。他者の〈顔〉と対面することにおいて、私はいわばつねにすでに「なんじ殺すなかれ」という倫理的「命令」に応じることを迫られているのである。ここには他者と私の根源的な「非対称性」が前提されており、その形式はつねに「他者への服従であり、根源的奉仕」なのである。こうした他者像は、言語ゲームにおける「命令する他者」の姿に重なる部分がある。しかしウィトゲンシュタインはこの関係を「倫理的関係」としては語っていない。それは倫理以前の言語的関係、「文法的」関係に過ぎない。それは〈顔〉ではなく「命令を語る」他者であり、私はそこで提示された規則に盲目に従うだけなのである。これに対して〈顔〉としての他者は、語る以前に私を倫理へと絡めとってしまうがゆえに、必然的に言葉とその背後の「語りえないもの」の差異、すなわち「奥行き」を私に突きつけるものになる。

レヴィナスの描き出す他者との対面には、いわばブーバー的な「順境」のコミュニケーションと相補的な仕方で、「逆境」におけるコミュニケーションのかたちが描かれている。そこで私は他者が「言語ゲーム」という既知化された規範的世界のダイナミクスから逃れ去ってゆく存在であることを、瞠目して受け入れなくてはならない。その姿勢において、ようやく私たちは「他者としての人間」に向き合うことになるだろう。しかし、それは現実にはどこか「途方もないもの」に向きあってゆくことでもある。実は、最晩年のウィトゲンシュタインは、ある極めて実直な仕方で、この試みに足を踏み入れていたということができる。以下そのことを論じて論を閉じたい。

5 言語ゲームの向こう側

最晩年の草稿でウィトゲンシュタインが取り組んだ哲学的問題としては、知識の「確実性」をめぐる問題が有名であるが、その他に「色彩」の問題と共に「他我問題」が集中的に扱われていたことは意外に知られていない。ウィトゲンシュタインは中期にすでに問題としての他我問題には出会っていた。しかしそこでの他者との出会いは基本的には「順境」のコミュニケーションの中で捉えられ、言語の規範性を確保することへと考察が向けられていったのだった。しかし、そのような必要が生じるのも、他者と出会うということが、つねに「逆境」たりうる可能性を秘めた出来事だからである。他者はどこまでも「未知」という謎を秘めた存在であることに変わりはない。そのことをウィトゲンシュタインは忘れていたわけではなかった。

『最終草稿第二巻』においてウィトゲンシュタインは次のように書く。

「誰かが実際に喜んでいるのなら、人はそのことが分かる。」しかし、だからといって、実際に喜んでいることの本当の表現なるものを人が記述できるわけではない。——でももちろん、いつだって、そうした本当の表現を識別できたり、その表現が本当かどうか分かっていたりするわけでもない。実際、本当とも見せかけとも積極的に言いがたい場合もありうる。誰かが微笑み、そして彼の更なる反応が、本当の喜びにも偽りの喜びにも当てはまらないものだったとしよう。我々はこう言うかもしれない。「私は彼のことをよく分かっ

ていない。彼の反応は、本当の喜びと見せかけの喜び、そのどちらの像（見本）でもない」。（『最終草稿2』p. 61a）

ある人が痛みを感じていて、その表明が偽りでない、ということをどのようにして確かめることができるのか。私が出会うのは、表情や発話など、他者の「外的表出」であって、その「内的＝心的状態」は隠されている。ここで私が出会う痛みの「証拠」は苦痛の表明だけなのである。ならばそれが「偽り」である可能性は消し去ることができないのではないか。

ウィトゲンシュタインは、「偽装」という行為を分析しながら、それが例えば新生児にも可能かどうか、といった問いを出している（『最終草稿2』p. 55b/f）。しかし、偽装するためには、まずは痛みなどの「概念」を知らなくてはならない。それはいわば「本物の痛みの表現」を学ぶことである（いたい！などという表現）。つまり、その「概念」にはあらかじめ、「外的」表出が「内的」状態と真正に結びつけられていることを示す「証拠の規則」が織り込まれているのだ、と考えようとする。つまりその上ではじめて「偽る」という行為が可能になるはずなのである。

しかし、その証拠が内的なものと外的なものの「結びつき」にある、とするならば、それは自身以外の他者には見通せないものである。従って、他者にとってはこの証拠は何ら証拠になりえない。ここでウィトゲンシュタインは次のように言う。

なぜ、「他人に関しては、心的なものにまつわる証拠は外面的である」と言うべきではないのか。ともあれ、〈外面的には間接的で、内面的には直接的な、内面にまつわる証拠〉なるものは存在しない。（『最

終草稿2』p. 67e)

そして、証拠が不確実だとしたら、そうであるのは、それが外面的な証拠に過ぎないからではない。(『最終草稿2』p. 67f)

ウィトゲンシュタインは他者の心的状態についての知が、外的表出と独立に成り立つとは考えない。それは必ず外的表出という「表現」の中に現れ出ている。我々は他者の行為について、いつもその表出にその人の「心的状態」を想像して付け加えているだろうか。そんなことはないだろう。レヴィナスではないが、表情としての顔に出会うとき、私たちは顔そのものの中に他者の悲しみや喜びを見て取るのである。そしてその表現が「疑わしい」と思えるようなことがあれば、それは必ずしも「偽装」であるわけではない。それはただ他者の振舞が「見通せない」ということに過ぎない。その振舞は「偽っている」というよりも「論理的でない」とか「首尾一貫していない」といった印象を与えるはずなのである。

問題は、どうしてもここに「見通せない」ということが残ることである。おそらくはここに、人間が外的な表出の中に、隠された「内的状態」を読み込もうとする理由がある。そしてそこは、外的な表出=〈顔〉の中に何らかの「証拠の法則」を見いだすことができない場所なのである。このとき他者の顔はいわば「仮面」であるかのように現れてくるだろう。それが本当の顔でないということを知らせつつ、それを隠すような顔として。ここにはある意味で、レヴィナスとは逆の方向性を持った他者の「奥行き」が出現している。それは私に「倫理」を差し向けてくる他者ではなく、私を無限に誘惑し、外部へとおびき出そうとする他者である。ウィトゲンシュタインはその前に立ち止まる。

そして、いま残されているのは以下のような問いである。我々の言語ゲームは「計量不可能な証拠」に基づき、しばしば不確実性へと導くものであるが、もしもそのゲームを、概して似たような帰結をもたらすようなより正確な言語ゲームに置き換えることができるとしたら、我々はその自分たちの言語ゲームを放棄するだろうか。我々は――たとえば――機械的な「嘘発見器」を用いて活動し、嘘発見器のメーターの針に振れを発生させるものとして、嘘を新たに定義することができるだろう。それゆえ、問いは次のようになる。我々は、そうした機械や何かが自由に使えるようになったとしたら、自分たちの生活形式を変えるだろうか。――そして私は、この問いに対してどう答えられるだろうか。(『最終草稿2』, p. 95)

『最終草稿第二巻』はこの記述を最後に途切れ、ウィトゲンシュタインはそのあと死までの残された二週間を、知識の「確実性」をめぐる考察に費やした。彼の「到達点」がいったいどんな場所であったのかを正確に見定めることは難しい。しかし、それは恐らく懐かしい「故郷」ではなかっただろう。おそらくそれは「我々の言語ゲーム」の不正確さ、予見不可能性という、よそよそしい身振りで出会い直される「異境」としての世界である。しかしそのような土地に赴くことこそが、必要なのだ。ウィトゲンシュタインはそんな旅の装いを、最後まで解くことはなかったように思われる。

他者としての人間に出会い、それに向きあってゆくことは、いわば「規範」として見いだそうとする人間のかたちを、無限にはみ出してゆくようなもうひとつの「人間」のダイナミズムを直視することである。この「水平的人間観」の途方もなさを、例えばレヴィナスは倫理的な垂直性に回収しようとしたといえるだろうし、ウィトゲンシュタインも「言語ゲーム」という規範的展望のもとに、垂直性の「密輸入」を測ったのかもしれない。しかし同時に、彼は自身の思考の愚直さによって、他者という水平線の彼方へとみずからを駆り立て続けたのである。

裏を返せば、ウィトゲンシュタインは、それだけ「人間」というものの「強かさ」に賭けていた、ということなのかもしれない。それは何か「理念＝観念」としての人間像の追求といったこととは全く違う、すでに与えられている「人間」という「生活形式」の根の深さを信頼し続ける、ということなのではないだろうか。ウィトゲンシュタインの「哲学」は、言語ゲームの果てるところで、その「向こう側」になお、「人間」への眼差しを投げ続けているはずなのである。

註

(1) ウィトゲンシュタインがこのような新たな世界観＝人間観へと踏み出した直接の理由については、憶測するほかはないが、そこに学校教師としての経験や、その後の住宅建築という共同作業への従事など、具体的な他者とのやりとりの時間が重ねられたことが、何らかの変化を促したことは確かであろう。

(2) ちなみに、ここで私と他者の関係を逆転させ、「教える私‐学ぶ他者」という関係して捉えればよいのではないかと言われるかもしれない。しかし「原初的言語」という局限化されたモデルにおいて、学ぶ者はつねに教える者の指示に従わなければならないのであり、その限りにおいて、教える者にとっての学ぶ者は「他者」でありながら「他者」であってはならないのである。このモデルにおいては、提示される規則に従わない可能性そのものが排除されているのだ（それゆえこのモデルは、母国語の習得という状況から「教える‐学ぶ」という一般的状況へと拡張することはできない）。教える側にとってこの他者はみずからの活動の達成のための「手段」になっている。ブーバーの区別を用いれば、一見そこには「われ‐なんじ」としての二人称的関係が成立しているようでありながら、実際には「われ‐それ」という三人称的な経験しか存立していない、といえるのではないだろうか。

(3) ブーバーとウィトゲンシュタインに直接の影響関係はないが、両者ともにマウトナー(Mauthner, Fritz. 1849-1923)の言語論の影響を受けていた。

第四章　精神分析・言語ゲーム・他者の心

1　心について語ること

ウィトゲンシュタインは『探究』第二部において、心理学の営みを次のように批判していた。

心理学における混乱と不毛は、それが「若い科学」であるからということで説明されてはならない。心理学の状態は、物理学の例えば初期の状態と比較されるべきではない。（それはむしろ数学のある分野と比較できよう。集合論。）すなわち心理学においては、実験的方法と概念的混乱がある。（集合論において、証明方法と概念的混乱があるように。）

実験的方法の存在は、我々を悩ます諸問題を解決する手段があるのだと思わせる。たとえ、問題と方法とがすれ違っているとしても。(1)（『探究』第二部一四章二三二頁：§371）

心理学における実験科学的な手法の目指すのは、心的過程を何らかの生理的過程に還元することによって、そこに法則性を見いだそうとすることに他ならない。しかしウィトゲンシュタインに言わせれば、それは問題に適した方法ではない。なぜなら他者の心的過程とは、自分自身が経験するようなものとしては、いかなる手段によっても直接に取り出すことはできず、それはただ他者の振る舞い、もしくは「報告」という言語行為を通じてだけ知られるものである。それゆえ他者の心を言語から切り離して対象化するこのような方法は、「心」の文法の「非対称」な文法性格を無視するという「概念的混乱」に陥っているのである。

では、ウィトゲンシュタイン自身は他者の心について知ることの可能性をどのように思い描いていたのだろうか。ドゥルーリー（Drury, M. O'C）によれば、彼が『カラマーゾフの兄弟』を読み、そこに登場する大僧正ゾシマの人物像に感銘を受けたことを伝えると、次のように答えたという。「そのとおりだ。直接に他人の心を見て、そして忠告を与えることのできるような人々がほんとうにいるのだ」（*Potraits of Wittgenstein, vol. II*; p. 785/Monk, 1990：邦訳六〇六頁）。ドストエフスキー（Dostoevsky, Fyodor. M. 1821–1881）の描くゾシマは、確かに印象的な人物である。

長老はもう長年に渡って、心の秘密を告白しにやってきて彼から忠告や治療の言葉をきこうと渇望している人たちを、ことごとく近づけ、数しれぬほどの打ち明け話や嘆きや告白を自分の心に受け入れたため、しまいにはもうきわめて鋭敏な洞察力を身につけ、訪れてくる見ず知らずの人の顔をひと目みただけで、どんな用事で来たのか、何を求めているのか、どんな悩みが良心を苦しめているのか、それまで見ぬくことができるほどになり、訪問者が一言も口をきかぬうちに相手の秘密を言い当ててびっくりさせ、うろたえさせ、時には怯えに近い気持ちまでひき起こさせたという。（『カラマーゾフの兄弟』上巻五四頁）

ゾシマにとって、他人の心とは何ら「隠されたもの」ではない。表情の曇りや声の抑揚の微かな傾き、言葉の選び方など、それらさまざまの「計量しがたい証拠」が、その人間像をたちどころに知らせる、そうした知を彼は持っているのである。モンクはこのような炯眼を「ウィトゲンシュタインの心理学的洞察についての理想像」だと述べている（Monk, 1990：邦訳六〇六頁）。他者の心についてのこのような知のありかたをウィトゲンシュタイン自身は次のように表現していた。「彼に対する私の態度は、魂（Seele）に対する態度である。私は「彼は魂を持っている」という考えであるというわけではない[2]」（『探究』第二部四章一七八頁：§22）。ゾシマは、決して他人の心の中を見通しているのではない。彼はたんに他者の外的な振る舞いによって他者を知るのである。しかし、彼は行動主義者のように、他者を「心」のない存在として扱っているのでもない。ただ彼は振る舞いの背後に他者が「心」なる領域を孕んでいるとことさらに考える必要を持たないだけである。そして、そうした外的振る舞いにおいて現れている他者の存在自体を、端的に「心ある存在」として遇するのである。

しかし、私の心と他者の心についての知の非対称性は、同時にゾシマのような知をひとつの「理想」においてしか持ち得ない性質のものに押し止めるということもできる。他者とはやはり何らかの仕方で「困難」を与える存在である。私たちは実践において他者の言葉や振る舞い、表情の背後に理解し得ない「心」を想定し、疑いや拒絶によってそれを過さなくてはならない場合があるのだ。そしてその困難は、他者の心の「非対称」な性格に由来するのである。あのカラマーゾフ達のあいだに繰り広げられた愛憎劇も、やはり現実の目に見える限りでの実践が、それだけでは不透明であるがゆえのものだったはずなのである。一方ウィトゲンシュタインのいうこのような「態度」は、それを不透明なものとして扱う態度ではなく、ゾシマの洞察のようにむしろそれを完全に透明なものとして、他者の存在自体に重ね描く態度である。しかしこのとき、他者の存在を他者として現しめるような他者の他者性は、事実としては消去されてしまっている。そして、皮肉なことだが、もしそのような「理想的」な洞察が「事実」として成立しているのであれば、そもそも何かを「心」という概念を用いて語る必要も、また存在しないはずなのである。

ウィトゲンシュタインは心についての客観的理論を立てることを拒否したにもかかわらず、同時にそれを拒否する根拠としての、他者の心の非対称性を理想化し、それによって他者の他者性を隠蔽してしまおうとする。では、そうした隠蔽を暴き出しつつ、他者の心について語ることをひとつの「知」として見いだすことは、できるのだろうか。こうした問題を考察する手がかりを与えてくれると思われるのが、ウィトゲンシュタインがフロイト（Freud, Siegmund. 1856–1939）の精神分析という「もう一つの」心の理論に対して示した両義的な態度である。ウィトゲンシュタインはフロイトに極めて強い関心を示し、一時はみずからを「フロイトの弟子」と称したといわれているが、同時にその理論に対して厳しい批判を向けてもいたのである。私たちの考察は、このウィトゲンシュタインのアンビヴァレンツから出発して、精神分析の知と「言語ゲーム」の考え方のあいだにある類似と差違とを検討する。そしてこの対照から両者の思考の限界と可能性を見極めつつ、そこから「他者の心」について語る知の可能性を引き出すことを試みたい。

2　フロイトとウィトゲンシュタイン

それにもかかわらず、心理学者たちは「何か法則があるに違いない」と言いたがる——法則など発見されてはいないのに。（フロイト曰く、「紳士諸君、諸君は心的現象における変化が偶然に支配されていると言いたいのか。」）これに対し、私にとっては、現実にはそのようないかなる法則も存在しないという事実のほうが重要であるように思えるのである。（『講義と会話』邦訳四二頁）

ウィトゲンシュタインがフロイトに向けた批判は、基本的には、実験科学的立場をとる心理学に向けられたのと同様の批判であったといってよい。生理学者として出発したフロイトは人間の心とそれが孕む症状に対して、終生一貫して「科学的」な説明を与えることを目指していた。そのような説明を可能にするための仮説として導入されたのが、心を意識と前意識、無意識という部分からなる装置として考える自我の局所論であり、それらのあいだに想定されたのが衝動と抑圧の葛藤という、力動的なモデルであった。しかし通常の実験心理学と違って、精神分析は「無意識の過程」なるものを何らか生理的、物理的に測定できる過程に還元して見いだそうとするわけでもない。精神分析の説明は、いかにもそこに因果法則があるかのように行われる説明であるが、それは「心理学的実験が為されない限り因果関係ではない」（『講義32』邦訳七四頁）。ウィトゲンシュタインはこれに対し精神分析の説明を原因ではなく理由による説明だと考えていた。この違いは次のようなものである。「理由の探究はそれに対するある人の同意を本質的な部分として含み、他方、原因の探究は実験によってなされる」（『講義32』邦訳七五頁）。フロイトは無意識の過程が意識的な行為の原因であることを実証したわけではないのだから、無意識による説明はその行為の理由を明らかにするに過ぎない。そして、精神分析の成功は症状の実際の治癒にあるのであって、決して原因の発見にあるわけではない。ウィトゲンシュタインによれば「分析の成功は相手の同意によって示される」（『講義32』邦訳七五頁）はずなのである。

ところが、ウィトゲンシュタインによればフロイトはいわば「同意なき理由」があるかのように語るのである。「我々がその理由を自覚せずに笑うときも、精神分析によってその理由を見いだしうるとフロイトは主張する」(『講義32』邦訳七五頁)。フロイトにとって分析とは、患者の意識的な語りにおいて抑圧されているものを患者の語りの中から発見する技法であり、その抑圧されたものを「無意識」にある原因として説明する理論なのであるから、そこで発見されるものは当然患者の意識的な同意の有無とは独立した要因であると考えられる。しかしながら、ウィトゲンシュタインにとってみれば、実験の手続きを踏まない限りそれを「原因」として扱うことは許されない。そして反対にもしそうしないのであれば、「理由」は同意の以前に無意識の内に見いだされていたと語ることもできないということになる。

しかし、その理由は無意識のうちにあったのだと言うのは、ここでのひとつの語り方である。そうした語り方は便利であろう。しかし無意識とはひとつの仮説的な存在であり、その意味はこうした命題のもつ検証によって与えられねばならない。それゆえ、フロイトが無意識について述べることは、科学のように聞こえはするが、実際にはたんなる提示の一手段にほかならない。彼の著作で仄めかされているような心の新しい領域なるものが、ここで見いだされたわけではない。(『講義32』邦訳七五頁)

ところで、精神分析は科学たりえない、というこうした見解に対して、グリュンバウムは非常に周到な仕方で異議を唱えている。彼が批判するのはフロイトに「科学主義的な自己誤解」という罪を着せ、精神分析は本来科学ではなく「解釈学」的な人間科学なのだという立場からフロイトに「作為的読解」を施すような哲学的主張である。(3) 彼ら、すなわちハーバマス(Habermas, J.)、リクール(Ricoeur, P.)、ジヨージ・クライン（Klein, G. S.）らはフロイトが一体いかなる意味で精神分析の科学性を主張していたかという点について、全く間違った像を描いているというのである。フロイトは最初期において、臨床理論を神経生物学に還元する目論見を立てていたが、この試みはすぐに放棄されることになった。そしてその代わりに立てられたのが無意識的な過程として心的機構を説明するモデル（いわゆる「メタ心理学」）であり、それは「精神分析の思弁的な上部構造」として、臨床理論とは区別される。問題はここである。グリュンバウム（1984）は次のように言う。「フロイトは生涯を通して、彼の理論的構築物に対して自然科学の身分を確固として主張したが、彼がそうしたのはまず何よりも形成途上にあった人格と治療に関する臨床理論に対してであって、メタ心理学に対してではないのである」（Grünbaum, 1984：邦訳九頁）。ところが、彼によればハーバマスらの主張は「フロイトが彼の臨床理論に対して自然科学の身分を主張したのは、臨床理論を第一義的に科学的であるメタ心理学へ還元したことからの外挿による」（邦訳一〇頁）というものであり、これは明らかにフロイトを曲解しているということになるのである。

さらにフロイトが「理由と原因の混同」を冒しており、精神分析は本来「理由」に関する探究として意義を持っているとするクラインの見解に対しても、グリュンバウムは攻撃を加えている。そうした立場は、行為の説明は原因による説明ではなく理由による説明において為されるべきだと考え、フロイトの理論のうちメタ心理学を拒否した上で、その臨床理論だけをいわゆる「実践的三段論法」に基づいた、理由による行為の説明へと再構成しようとする。しかし、臨床理論における症状の説明は、通常の行為のように欲求と信念の対による意図の説明に還元されるわけではない。何故ならフロイトの理論においては、何らかの欲求を抑圧することが、神経症などの発症のための因果的必要条件であるのだから、普通の行為のように何らかの欲求と、かつその欲求を満たすために必要な行動への信念が見いだされることによって行為の意図が説明できる、というモデルは成立しない。そこでは欲求が信念によって否定されているのである。「それゆえ精神分析理論は、これらの性的欲望が意識的なそれに転換されれば、行為者はなぜ病的振る舞いを続けるのかということに関する動機づけの根拠を得る、などということを証明するものでは全くない。そうではなく精神分析理論は、性的な抑圧を意識に上らせることで疾患を消せることを教えているのである」（邦訳一〇九頁）。ただし、この臨床理論を説明するためには、無意識に関するメタ心理学的概念が必要とされる。しかしすでに述べたようにフロイトはこの説明を「より科学的な説明」として必要としたのではないというのが、グリュンバウムの主張なのである。

さて、こうした批判は一見するとウィトゲンシュタインのフロイト理解に対しても当てはまるように思われる。ただしつけ加えておくならば、ウィトゲンシュタインが言及し、あるいは読んでいたと思われるフロイトの著作は、『ヒステリー研究』（一八九五年）から『機知』（一九〇五年）までの、初期のものに限られているようである。ということは、ウィトゲンシュタインのフロイトは神経生理学への還元主義からは脱したものの、未だ臨床理論に関しても、またメタ心理学に関しても、その体系を確立する以前のフロイトであるということになる。それゆえ精神分析を科学として語り、無意識を実在するもののごとくに扱うフロイトの語り口に対するウィトゲンシュタインの批判は、この段階ではその正否を決定しうるものではないということになる。しかし、そもそもウィトゲンシュタインは「心理学」というジャンルの科学全般に対して、それを科学と認めることに批判的であるのに対し、フロイトは心理学が独自の仕方で科学と呼ばれる権利を有すると考える心理主義的態度を貫いたのであるから、この両者の対立は簡単には有和できないものであるといえるだろう。

では「理由と原因の混同」に関してはどうか。確かにここでもウィトゲンシュタインの主張は覆されるかに見える。しかしウィトゲンシュタインの立場は、精神分析を日常言語分析的な行為理解に還元する立場とは、重要な点で異なっている。彼らがメタ心理学的説明を拒否し、その代わりに通常の意図的行為の理由についてのものと同じ説明を臨床の過程に与えようとするのに対し、ウィトゲンシュタインはメタ心理学的な説明を含む精神分析の理論全てに対して、それを本来理由において探究されるべき営みだと考えていたのである。ウィトゲンシュタインが「無意識」という語り口に批判を向けるのは、それが「原因」として語られるからであって、「無意識」という語を用いるそのことに問題があるからではない。彼はむしろそこに精神分析の独特な「魅力」を見いだしていたのである。

> 不安はつねに我々の誕生時に感じた不安の、何らかの繰り返しである、というフロイトの見解を考えてみよ。彼はこの点を証拠に訴えて確定したのではない——というのは、そのようなことができなかったからである。しかし、それは顕著な魅力を持った考えである。それには神話的説明のもつ魅力、これはすべて以前に起こったことの繰り返しにすぎないと述べるような説明の魅力がある。そして、人々がこれを受け入れたり採用したりするとき、あるものごとが彼らにとって遥かに明白かつ容易になるように見える。無意識という概念についても同様である。(『講義と会話』邦訳四三頁)

ウィトゲンシュタインは精神分析の結果が分析者の思い違いや誤解であったりする可能性は絶対に払拭できないと考えている。何故なら分析者は患者の心、つまり意識と無意識との全域をのぞき込んで認識しているわけではないからである。それだけではない。たとえ分析者が患者の心の中を覗き得たとしても、そこに抑圧されていた欲求や外傷記憶の原因となった過去の現実の出来事が、事実としてあったかどうかについて、知ることは不可能なのである。それゆえ、精神分析はなんらか真実なるものを暴き出すことではありえないのであり、むしろ真実としてのその症状の根源的要因なるものについて語ることの「限界」の上に立って、そこにその始源を補填するような「物語」を示すことなのである。「それは人々が受け入れたくなるような何か、人々がある道を行くのを容易にするような何かなのであって、ある種の振る舞いかた、考え方を彼らにとって自然なものにするのである。彼らはひとつの考え方を放棄し、別の考え方を採り入れる」(『講義と会話』邦訳四四－四五頁)。

精神分析はウィトゲンシュタインにとって、いかなる仕方においても他者の心についての「知」ではありえない。この場合分析者は患者の心についての洞察を患者に伝えるわけではなく、むしろただ患者に対して一つの世界観を与えるのである。そして患者がそれを科学的な理由や、もっともらしい解釈に納得することによってではなく、端的にそれに魅惑され、それを盲目的に受け入れることとしての「同意」によって、分析は成功するのである。こうした考察において、精神分析がなぜ神経症などの症状を「治療」することができるのか、という点は必ずしも明確になるわけではないが、いずれにしてもウィトゲンシュタインが心の病についての「観察科学的」記述を受け入れるはずはないのであるから、ここでその問題に立ち入ることは避けておこう。もちろんフロイトが企てた分析技法はもっと微細なメタ心理学的構造によって説明されなくてはならないものではあるのだが、同時にそれは分析者の「才覚」と膨大な臨床経験の積み重ねにおいて可能になっている技法でもある。恐らくウィトゲンシュタインはそうした意味においてもフロイトに「魅惑」されたのであろう。

ところでこのような精神分析に対する理解は、ウィトゲンシュタイン自身の「言語ゲーム」の考察の枠組みと明らかに共通点を持っている。「言語ゲーム」という概念は、決して言語についての理論的説明を与えるものではなく、むしろひとつの「比喩」であり、その観点を採ることによって混乱した言語使用に見通しを与えるために導入されたものであった。そしてそこでは言語の規範性はいかなる実在的な根拠も持たず、ただ他者によって与えられた規則を盲目的に受け入れることによって実践的に成立しているものと見なされるのである。

実際、哲学を「思考の病の治療」と考えたウィトゲンシュタインは、それが精神分析と類似した面を持つことを認めていたようである。しかし同時に彼の哲学を「精神分析の一種」と解釈する者に対しては、それを誤解であるとして激しく抗議したといわれている[4]。両者は類似点を持つにもかかわらず、全く異なった技法であり、いかなる意味においても同一視されてはならないと考えられていたのである。従って重要なのは、両者においては本質的に何が類似しており、何が異なるのかを見極めることである。

しかしながら、この両者を比較することは、ウィトゲンシュタインの後期哲学における「言語ゲーム」という観点の持つ弱点と限界をも暴露してしまう。精神分析の基本的な認識は、ウィトゲンシュタインが「言語ゲーム」というひとつの「神話的説明」において隠蔽しようとしていたある問題を「別の神話」を通じて明るみに出し、それについて語ろうとする営みだからである。

3　言語ゲームという神話

さて、ここで私たちは「言語ゲーム」という概念による考察がいかなるものであったかを、これまでの論述に沿って手短に概観しておこう。ウィトゲンシュタインは『論考』において言語を論理的なモノローグとして扱っていた。そしてそのような「私の言語」によって語りうるものが、世界であり論理そのものであった。[5]そこでは世界も論理もそして自己自身も、決して「問われる」ことのない「永遠の相の下に」(『論考』六・四五) 直観されていたのである。しかし現実において言語とは必ず「問い」の可能性を含む。すなわちそれはモノローグではなく対話的実践であり、そこで聞こえてくる「他者の言語」とのあいだに差異を生み出すような営為なのである。では、このような実践としての言語に規範性を与えるものは何だろうか。それはもはや世界や論理、あるいは主体ではない。何故ならコミュニケーションの空間においては、それらは単一的な全体ではなく、必ず「別の視点」という外部を見いださざるをえないからである。ウィトゲンシュタインはここに「規則の恣意性」という論点を発見する。すなわち、どんな言語的な規範性も個別の規則として見たときには、あたかもゲームの規則のように恣意的である。つまりトランプのカードの役割がそのゲームのルールによって異なるように、その「意味」は言語表現に対して多様でありうるのである。従ってこのような「言語ゲーム」においては、それをともにする他者が、いわば「別の意味」を語る非対称な他者として顕現することになる。

しかし、このコミュニカティヴな実践としての言語には、何らかの仕方で一定の規範性が与えられているはずである。そうだからこそ、このコミュニケーションも可能になっているのである。では、その規範性とはいかなるものなのか。『文法』においてウィトゲンシュタインは実際に成り立っている言語実践の「事実性」を記述することによってこの問いに答えようとした。それが「命令と服従」の言語である。この事例において、服従するものは命令者のいわば権威によって、命令に背くことを禁じられている。「命令」という言語行為には、暗にこのような禁止が含意されているのである。ここでは、何らかの規則に従う行動を「命じる」ことによって、その命令に対して「別の意味」の可能性を忖度することが、禁じられている。従ってこの事例を見る限りでは、その言語行為が成功であるような規則の従い方は一様であると思われる。命令者にとって、命令する人間は、相手が命令という言語の規則に従うべきであると考える限りにおいて、その他者の「非対称性」を「縮減」させているのである。だが、いかにこの命令が強力であろうと、相手が命令に対して「反抗」することは十分ありうる。この可能性までをも「縮減」するためには、相手に対してさらに強力な禁止を発効していなくてはならない。しかしそれを可能にする条件は、現実の言語的実践における、その場のコンテクストだけからは引き出されないはずである。たとえ法によって極刑を科したとしても、それに従わない人間はいるのであるから。

これに対して『茶色本』においてウィトゲンシュタインが持ち出したのが、子どもの言語習得という場面であった。ここで重要なのは、規範を与えられている主体が他者の非対称性に対して「盲目」なことである。子どもが言語習得の場面において大人から盲目に規則を学ぶように、私たちはさまざまな実践の規則を疑うことなく盲目に身につける。そして実際にその規則に従って行為するときにも、私たちはいわばその規則に「盲目に従う」のである。ウィトゲンシュタインは、そうしたいわば盲目によって対称化された他者関係を「原初的言語」と名づけ、それをあらゆる言語ゲームの原型と見なすことを提案したのである。

さて、このような仕方で言語ゲームを「原初的」なものとして語ろうとする語り口は、フロイトの理論とは少し違った意味ではあるが、また「神話的」な語り口というべきであろう。実際ウィトゲンシュタインは一九三〇年代初頭からフレーザーの『金枝篇』について強い関心を示し、私たちの言語生活の根底に潜む「完全な神話」すなわち未開人における呪術的世界観に匹敵するような「形而上学」を見出そうとしていた。(6)『探究』の冒頭部分、アウグスティヌスの引用に導かれて語りだされる「原初的言語」は、フロイトがあたかも実在する過程のように語った「無意識」のように、「子どもの言語習得」という、つねにすでに過去のものとして失われた場面を、現実の言語行為の場面に重ね描く。そしてこのことによって、ウィトゲンシュタインも言語に巣くった思考の病、すなわち規則の恣意性から生み出される「懐疑論」を消去しようとするのである。しかし、フロイトの「神話」が病にひとつの解決を与えるのは、それが患者にとって「理由」として受け入れられうるような「物語」であるからに他ならない。これに対してウィトゲンシュタインの提示する「原初的言語」という神話は、それだけではこの現実の「懐疑」そのものに対してなんの説明も与えない。むしろ懐疑はそこで端的に否定されるのである。

しかし、それは問題に対する何らの解決にもなりえないことは明らかである。それゆえウィトゲンシュタインは『探究』第一部において「規則のパラドクス」と呼ばれる、徹底的な懐疑論の可能性に対する考察を余儀なくされるのである。そこでウィトゲンシュタインが提出している問題は、基本的には「規則の恣意性」の問題の変奏に過ぎないのだが、この場面においては「原初的言語」というモデルを引用することでは問題が解消しない。なぜならウィトゲンシュタインがここで示すのは、原初的言語のように表面的には同じ規則を共有しているように見えながら、実は「別の従い方」をしていた、というような例だからである。例えばある数列を一定のところまで同じ仕方で続けられたからといって、それが全く同じ規則に従っているという保証はない。そこから先を続けたら全く違っていた、ということがありうるからだ。クリプキが指摘するように、このパラドクスに対しては正攻法の解決はありえない。この懐疑論は、それを解決するような、意味に関するいかなる理論的提案をも退けるような、無際限の懐疑なのであり、言語が「私だけの言語」でない以上、いかにしてもその可能性を消去することはできないのである。

これに対するウィトゲンシュタインの答えは、再び「盲目性」という論点に訴えることであった。規則に従うことは解釈することではなく、それに盲目に従う「実践」でしかない。そうでなくては、日常の円滑な実践は成立しないのである。クリプキはこれをヒュームになぞらえて「懐疑的解決」と呼んだが、ウィトゲンシュタイン的にいえばそれはまさに「盲目的解決」すなわち、懐疑の可能性に目をつむることで、現実の言語を「理想化」するのである。何故なら、ウィトゲンシュタインの「解決」はまさに言語ゲームが円滑に進行している場合、すなわちそのゲームの規則の意味を問う必要がない場合においてだけしか、有効ではない。問題なのはむしろ、そのゲームがうまくいかない場合、すなわちその規則の意味や効力が曖昧になるような場合である。確かに、何の問題もなく成立しているゲームにおいて、その規則の根拠を確認するような営みは不必要であろう。しかしそこに問題があるならば、その規則は決して自明のものではないのである。

そのような場面で私たちは言語表現の意味や状況について考え、解釈を施し、その過程で規則を疑い、問いただすであろう。こうしたときに必要となるのは、そこで出会っている他者の「他者性」、あるいは言語規則の恣意性に対して「盲目」であることではなく、むしろそこで刮目してその声や表情、コンテクストを慎重に受け取り、それに対する態度を選択することであるはずなのである。しかしウィトゲンシュタインはそうした状況をあくまで「特殊」なケースとして捉えようとした。そしてそのために、いささか極端な「思考実験」を行ったのである。これが『心理学』から『探究』第二部にかけて展開される「意味盲」や「アスペクト盲」の議論である。他者が自分と異なった規則の把握を持っているという状況＝アスペクト的状況を認識し、そのどちらが正しいかを知るという「洞察」は、あたかも一瞬のうちに心のうちで把握されるかのような「理解」という形を取る。ここでウィトゲンシュタインが主張するのは、そのような心的な意味理解の体験を「持たない人」がいても、彼は「たいしたものを失わないのではないか」という、奇妙な説であった。しかしこの「思考実験」は成功しているとは言いがたい。恐らくそのような人物は、他者との交流という面において重要な能力を失うだけでなく、通常の言語的な把握の能力にも、おそらくは支障を来しているであろうことは、容易に想像できるのである。

こうした操作によってウィトゲンシュタインはこれまでの「原初的言語」による神話的説明を補強しようとした。しかしながらこれによって神話的な説明はそれ自身の「神話性」、すなわちひとつの説明を与える「比喩」の効果をいわば相殺されてしまう。つまりそれは現実の言語実践の多様な側面と、それを作り出している他者の他者性を、直接に隠蔽する言説になってしまうのである。

「言語ゲーム」というディスクールは、一方で言語というものを他者なしには成立しないような営みとして記述すると同時に、そうした他者の視点からもたらされる懐疑の可能性を消去するために、まさに言語ゲームを可能にしている他者の他者性への認識を封じてしまう、というきわめてパラドキシカルな構造を持つことが、明らかになった。しかしこの「他者性の隠蔽」は決して他者の存在の隠蔽ではなく、むしろその現前を維持することである点に注意したい。それは前期のような他者のない言語空間へ退行することとは区別されなくてはならないのである。というのも、言語ゲームにおける「盲目性」というテーゼの背後にあるのは、他者ではなく「主体」という要素の、徹底的な消去という思考の運動であったからである。

前期においてウィトゲンシュタインは独我論の真理性を明白なものと考え、「私の言語の限界が世界の限界を意味する」(『論考』五・六)としながらも、独我論自体は語りえないものだと考えていた。なぜなら主体は「世界の限界」なのであって、例えば目が視野の中にないのと同様に世界の内部にはない(『論考』五・六三三)というのである。ただしウィトゲンシュタインは「独我論を徹底すると純粋な実在論に合致する」（『論考』五・六四）と述べ、それが語りえないものとなることにおいて、自ずと示されるのだと考えている。しかし、ここで現れているのは「純粋な実在論」であって、独我論ではない。この実在論が独我論と同じであることを証拠だてることができるのは、ただ再び独我論に訴えることだけなのである。従って、独我論を「示す」ことは、独我論が「みずからにおいて」みずからを示すことによってでしか実現しない。「独我論」という真理はいかなる仕方でも「証明」されえず、ただそのように「語る＝言い放つこと」でしか可能ではない。しかもそれは、そのように表現したところでも、決して万人に共有される真理ではありえない。それはそのように欲した瞬間に「つねにすでに示されえない」ものであるはずなのである。

前期におけるような言語観を捨て、他者のいる現実的な言語を所与として考察をすすめようとする中期から後期へかけてのウィトゲンシュタインは、こうした独我論の「示されえない」性格を認識せざるをえなかった。他者の登場は前期におけるように主体を言語の規範性の根源とするような図式を討ち崩し、むしろその源泉を他者自身へと移動させる。このとき、主体という視点を採ることによって可能になっていた知の図式もまた崩壊してしまう。何故ならそうした知は他者の視点の存在から導き出される規則の恣意性を克服できないからである。こうしてウィトゲンシュタインは、「私の言語」を徹底的に「他者の言語」へと解体してゆくことにおいて、主体それ自身が他者であるというパラドクスに捉えられてゆく。「規則のパラドクス」という仕方で現れる懐疑論は、その懐疑に終止符を打つような自己知の可能性をも奪おうとする。そこでウィトゲンシュタインが提示した「解決」が「盲目」という態度だったのである。しかしこの態度は自己についての反省的な知や、あるいは解釈といった営みを一切遮断してしまうだろう。そこでは主体がいわば完全に言語ゲームの中に消尽されてしまうのである。

これに対して、精神分析の視点が提供するのは、主体を『論考』のように「全体」を表象するような存在としてでもなく、また他者の言語のうちに完全に解消されてしまうものでもなく、いわばその両者に「引き裂かれた」存在として語る「神話」に他ならない。それは主体というものを、他者との関係に開かれているがゆえに自己についての「完全な知」を持ち得ない存在として定義するのである。意識と無意識、あるいはエス、自我、超自我といったメタ心理学的概念が語っていたのは、このような主体の「分裂」のことだったのである。

精神分析は、ウィトゲンシュタインが哲学における「病」と捉え、それを言語から切り離そうとした「懐疑」を、反対に言語という知的活動そのものを可能にする地平として捉えようとする。フロイトが夢、言い間違い、否定、機知といったさまざまな事象を、象徴的な言語過程として分析したのは、まさにそうした活動を、主体の持つ衝動や欲求といった活動についての自己同一的な知の不可能性を代補しようとする試みとして理解しようとすることなのである。

4　精神分析の知

ウィトゲンシュタインはフロイトが「無意識」について語るとき、彼がそれをあたかも実在する心の領域のように語ることを批判していた。しかしブーヴレスは次のように指摘している。「ウィトゲンシュタインの観点からすれば、フロイトの手続きにおいて疑わしい点は明らかに、無意識を擬人化することと、もっと一般的には人格を構成する準人格的な要素を擬人化することであって、ときにそうみなされているように、物象化することではない」(Bouveresse, 1991：邦訳八一頁)。ただしもちろんこれを、ウィトゲンシュタインはフロイトが無意識を何らかの実体的な過程のように語ることに対して無批判である、という意味に解してはならない。フロイトは確かに一方で因果的な語り方をすることで科学を標榜していたのであるし、そのことに対してウィトゲンシュタインは批判的である。しかし、実際にフロイトにとっての「無意識」とは、すでに見たように神経生理学的過程への還元が不可能なメタ心理学的な概念なのであって、決して物象化されて済むような概念ではないのである。このことを念頭に置いた上で、ウィトゲンシュタイン的批判の可能性を再検討するときにブーヴレスが依拠しようとしたのが、この「擬人化」の問題なのである。ただしこれについてウィトゲンシュタインの口からはっきりと論じられた言葉を見いだすことはできない。ブーヴレスは次のような表現を引用して、ウィトゲンシュタインの反応を類推している。「『その部屋には誰もいなかった』の代わりに『その部屋には無人氏がいた』と言うような言語を想像してほしい。そのような規約から生じうる哲学的問題を想像してほしい。この言語で育ってきた哲学者のなかには、おそらく『無人氏』と『スミス氏』という表現の類似性が気にくわぬと感じる者もいるだろう」(『青色本』六九頁)。これと同様、擬人化された無意識によってさまざまなことを語ることが一般化した社会においても、無意識というものと、ふつうの人間を、区別のない名詞的用法で語ることに「混乱」を見る哲学者がいてもよいはずである。ウィトゲンシュタインがフロイトの著作を「哲学的混乱の宝庫」と考えたというのも、こうした意味を込めてのことなのであろう。

だがフロイトが無意識を科学的な言語で語ると同時に、そこに人格的な語り口を持ち込んだことこそが、フロイトの「無意識の発見」に固有の意義を与えることであるとも考えられる。フロイト以前においても人間の意識に上らない心的領域や、意識に対立する衝動や欲求について論じた者は存在したのであり、もしそうしたことをフロイトが述べたのであれば、それは極めて平凡な洞察であるといわなくてはならない。しかしそうではなく、フロイトにとって無意識とは何らか実体的な概念ではなく、むしろ関係的な概念であったといわなくてはならない。例えば自我や超自我、エスといった概念は、決してそのようなものが主体の内部に小人のように存在することを意味するのではなく、主体が自己自身に対しての知を確保しようとするときに、その知の不可能性ゆえに分裂してしまわざるをえない自己の像のことを指していると考えるべきであろう。

ここで「関係」と呼んだものは、より正確には「規範的関係」とでも呼ぶべきものである。フロイトが開拓したのは、精神的な症候を神経生理学的な失調ではなく、主体を成り立たせているこの規範性の失調として捉える視野であった。そして精神分析はこの規範性の構造を、人間の生活におけるさまざまな言語活動を象徴的な過程として分析することによって明らかにするのである。ただしフロイトはウィトゲンシュタインのように、主体の自己関係という要素を言語ゲームという他者関係に完全に解消しようとはしなかった。彼はエディプス・コンプレックスに集約されるような他者関係の図式を持ちながら、それをあくまで主体に内在的な意識や自我のトポロジーにおいて表現したのである。これらはフロイトの後継者たちによって「自我心理学」として流通させられることになるが、これに対しラカン（Lacan, Jacques. 1901-1981）はそれがフロイトの本来のラディカルさを忘却するものだと批判し、「無意識は言語のように構造化されている」「無意識は他者の語らいである」という立場を鮮明にすることで、自我といわれるものが徹底的に「他者」との関係に言語的な仕方で陥入されていることを示したのである。(7)

ところで、ラカンの精神分析における「他者」の理論を見ると、ウィトゲンシュタインが言語ゲームにおける他者関係を「原初的言語」のような、ある理想化された状況の想定によって切り出していたことの「意味」が明らかになると思われる。というのもそこでは、主体が規範の中で自己の同一性を確保してゆく過程のなかで、「規範的他者」への盲目的な服従が重要な役割を演じていることが説明されているからである。しかし、そのことによってラカンとウィトゲンシュタインに親近性を見いだそうとすることは、いささか早急であるといわなくてはならない。というのも、ラカンは主体が同一性を確保する構造を理解するためには、もっと重層的な仕方で他者が介入していなければならないと考えていたからである。

人間はおのれの生をみずからによって維持してゆく力を持たないまま産み落とされる。それゆえ乳児は外的環境に対して違和を持つと同時に、自己の身体像の（神経系におけるような）統一の失調を抱えたまま、まずもっては母親のような他者の庇護のもとで、個体としての同一性を維持してゆくことになる。この過程で乳児は母親のような理想的な他者に想像的に同一化し、母親の欲望の欲望として、自己の欲望の場所を作り上げてゆくのである。このように、想像的なレベルで対象との関係が取り結ばれている空間を、ラカンは「想像界（l'imginaire）」と呼んだ。しかし子どもは、母親とは別の身体と欲望を持つ個体として、独立した行動をとらねばならない。母は子どもの欲望と自分の欲望が異なるものであることを次第に示してゆく。子どもはそこに母の欠如を見いだし、母の欲望を欲望するが、この欲望を禁止するのが規範的な他者である。この他者の審級をラカンは「父の名（ノン）」と呼ぶが、この父親に代表される他者の命令に従うことで、子どもはその他者の規範性に同一性を見いだそうとするのである。こうした規範的＝象徴的な仕方で取り結ばれる他者との関係世界が「象徴界（le Symbolique）」である。

この「象徴界」という概念が意味するのは、そこで自己がいわばある種の記号として機能しはじめるということである。しかもラカンによれば人間とはシニフィエなきシニフィアン、すなわちおのれの本来的な同一性を証示する対象を見失ったいわば欠落した主体であり、他者というその代理物のなかにみずからを見いだし同一化してゆくほかない存在なのである。しかし問題はこの同一化の対象である他者が、理想的他者のような、身体的な実像としての他者ではなく、むしろそうした身体的一致を否定するような差異として顕現する、ひとつの審級としての効果であり、虚像であるということだ。ラカンが有名な「鏡像段階」論で発見したのは、子どもの自己同定が「虚像」としての鏡像に自己の等価物を見いだすという出来事の意義だった[8]。鏡像とはいわば他人から見られた自分の姿に他ならない。しかし、他人からの自分の眺めとは、鏡像のような虚像としてしか内在化できないものである。従ってこの内在化は更なる識別の視線、すなわち同一性の否定として与えられた虚像としての社会的自己を、自己の身体においてもう一度同一的に識別する他者の視線へと向かっていく。しかしそうした「第三の」他者は、必ずすでに規範的他者として現れているはずだ。このような識別への希求は、反対にその識別を否定するような、規範的他者の複数性を増大させてしまう。ウィトゲンシュタインが見いだした、規則の恣意性という状況はこのような仕方で、規範的他者による縮減をその都度無効化してしまうのである。

象徴界におけるこの苦境は、自己の欲望する真の対象を、象徴界の秩序においては語りえないものとして現出させる。現実において他者とは、その他者の欲望にいくら従順に従おうと、その欲望の真の対象を私が知ることができないような存在であり、それは私にとって決して自分の本来的な同一性を映し出してくれるような、相同的＝鏡像的対象ではありえない。このとき、語りえないはずの他者の欲望にあくまでも一致することを望むならば、その主体は自己の本来の欲望を抑圧せざるをえない。こうした状況が生み出すものが、ヒステリーという症候である。

精神分析の語りは、こうした苦境において、この主体が本来見ることのできない自己の欲望の対象という立場に立つことによって、この欲望を主体に提示するような、他者の語りである。それによって主体はみずからの欲望の主人が自分ではなく、分析家に代理された他者へとその立場を譲渡せねばならないことを知る。そして本来他者の欲望であったものを他者に返還し、語りえない自己の欲望を自己の支配から解放するのである。このとき、他者に代理されて現れてくる欲望の対象のことを、ラカンは「対象a」[9]と呼んでいる。これはそもそも母という失われた対象の欠如への欲望の現実における回帰であり、具体的には糞便や肛門、眼差しや声、音といった、欲望の原因ではあってもその目的ではないような、他者の身体的部分を指すと考えられる。しかし同時に、そうしたものこそ、起源を喪失した主体を慰撫し、補塡し、肯定する対象でありうることを、ラカンは示唆している。実はこうした対象は、人間が象徴界という苦境への封入を乗り越えて成長するために、きわめて重要な役割を持っているものと考えられている。想像界の他者との理想的な一致から、規範的な他者関係への移行において、子どもはいわば「幻滅」を覚えるとされている。この幻滅が激しければ、主体は母という失った他者の等価物を規範的な他者に求めるであろう。しかし他者はもはやそのような他者ではないのである。この他者関係の移行において子どもは母という他者に埋め込まれた声や視線、乳房といった、メラニー・クライン（Klein, M）のいうところの「部分対象」に固着することで、母への希求を代理させる。この代理が母親との身体的関係のうちに十分に行われていることによって、この移行はその幻滅を和らげ、それとともに他者の欲望を自己のものとして欲望するという錯覚から醒めることができるのである。[10] そしてラカンにおいて分析とは、こうした対象の位置に分析家が立つことによって、主体がみずからの欲望を知りえないということを示すことに他ならない。

　ラカンはフロイトが主体の分裂という仕方で提示せざるをえなかった精神分析の知を、このように他者の語りへと返還することで表現した。この語りの位置はウィトゲンシュタインがとった「教える」立場としての規範的他者、あるいはその他者の教示に従う「盲目的主体」といった位置に対して、示差的に現れるものとしての他者の位置である。これに対して、ウィトゲンシュタインの「言語ゲーム」という語りは、象徴的なものの秩序の外部に示される主体の活動の語りえない根拠に盲目を表明することで、逆説的に他者の他者性への懐疑へとみずからを追い込むのである。

5 非対称な知に向かって

ところで、このような仕方でラカンをウィトゲンシュタインと同列に論じることに対して、ブーヴレスは次のように批判を向けている。「意義、使用、規則、適用の正しさ（また間違い）といった概念を、ラカンの言う無意識の次元であるいは無意識のなかで行われる「言語的」活動に適用することはできない」（1991：邦訳八六頁）。ブーヴレスはラカンの主張するような無意識の言語性なるものは、結局言語ではないというのである。しかし他方で、ロレンツァー（Lorentzer, A.）は同じ意味のことを「言語的観念論」という表現で、すなわち「言語規則と実践的規則の同一視」として批判しながらも、それを「言語ゲーム」の概念にもあてはめている（1974：邦訳一四一頁）。確かにブーヴレスの言うような諸概念を無意識の言語にあてはめることには問題がある。しかし「言語ゲーム」という概念を採用することによってウィトゲンシュタインが目指したのは、そもそも「意義」といったものが存在したり、語られたりすることを、ひとつの哲学的な病と考えて、それを消去することであったのであり、ブーヴレスは言語ゲームという概念によってもたらされた言語観を、「言語分析哲学」的な仕方で誤解しているように思われる。また、言語規則を実践的規則と混同している、という批判に対しても、別の仕方で反論が可能である。

すなわち、言語規則が実践規則とは違うものであるとすれば、そのあいだの差違を言語は語りえないはずである。というのも言語規則を実践規則とは異なるものとして取り出すならば、それは恣意的なものに過ぎなくなってしまうのであり、また実践規則を言語規則から独立したものとして「取り出して」語るならば、その「実践」はあらゆる意味を剝奪されてしまう、という問題に、後期のウィトゲンシュタインは捉えられていたのである。そして、ラカンがソシュール的な概念を持ち込んで、無意識を象徴的な構造において捉えようとしたことも、これと類似の認識によるものだと考えられるのである。

しかしながらこのような地平の近接は、このフロイトからラカンへと引き継がれた精神分析の知が、ウィトゲンシュタインの「他者に対する態度」を、他者の心の事実的な非対称性を覆い隠すことのない態度へと止揚することができているのか、という問いに、必ずしも肯定的な答えを準備しているわけではない。確かにラカンの言説においては、言語ゲームと同様に主体を他者とのあいだの言語的な関係に解放しつつ、自他の非対称性ゆえにそこで生みだされる示差的な他者性を巧妙にその理論の中に組み込んでいると思われる。しかしながら、精神分析はウィトゲンシュタインのいうような心の「非対称性」を、別の仕方で「対称化」してもいる。というのも彼らは主体の自己知を、それ自体他者についての知のように不可知なものとして扱うことによって、現実の他者の他者性を、自己自身の「他者性」へと転倒させて解釈してしまうのである。そしてこのとき、現実の他者は実際には示差的なものでありながらも、主体の視線を自己自身という空虚なものへと向けるために、必ず何らかのシニフィアンと結合した、象徴的なものとして見られるのである。つまりラカンはウィトゲンシュタインの「原初的言語」にも劣らず、他者という存在の持つ曖昧さ、不定性といった繊細な力学を、規範的な秩序という現実の一側面に封入してしまうのである。

ラカンの採るこうした態度が、分析という他者関係において具体的にどのような効果を持つのかをここで吟味することはできないが、少なくともラカンがたんに臨床関係においてではなく、現実のあらゆる他者関係についても、みずからの理論を差し向けていると考えるならば、私たちはそれを容認することにいささか躊躇せざるをえないだろう。そこでは「曖昧」なもの、うつろいやすいもの、感情や思いなしによって、多様に構成されている生きた現実の姿を、何の留保もなしに分析しつくし、決定してしまおうとする意志が働いているように思われるのである。そしてその先には、主体の存在、あるいは他者の他者性に対する、何らかの肯定的な態度の可能性も打ち消されてしまう。何故なら、そこでは「主体の死」こそが真理なのであり、このニヒリズムにおいては死以外の何物をも肯定的に語ることができなくなってしまうからである。そしてこのことは、臨床という特殊な場面に持ち込まれることによっても、その後に問題を残さないとはいえないのではないか。

精神分析を受けることは、知恵の木の実を食べることに、どこか似ている。その時手に入れた知恵によって、私たちは（新しい）倫理的な問題を突きつけられる。だがその知恵は、問題の解決にはまったく役立たない。
（『断章』四九八頁）

ウィトゲンシュタインが「倫理的問題」と呼ぶものは、ここでは全く示されていないのだが、恐らく彼が考えていたのは、それが本来は「知」という仕方では現れてこない実践的な態度を、知という語り方に置き換えてしまうことの問題ではなかっただろうか。『確実性』においてウィトゲンシュタインは「世界像」と呼ばれる、疑うことが意味をなさないような知識を語る命題を検討しながら、それをことさらに「私は……を知っている」という仕方で表明することの奇妙さを訴えていた。何故ならそうした知識は疑うこともできなければ、確証することもまたできない類のものであるからだ。そしてそれを疑わないことによってのみ、それを前提にしたさまざまな行為空間が成立する。そうしたいわば「蝶番」のような知識のことをウィトゲンシュタインは「世界像」と呼んだのだが、精神分析が提示するのも、またそれ自身確証しえないような「神話」としての「世界像」である。ただし、それは私たちの日常の言語使用に根づいているものとは「別の」世界像であり、さらには、それを引き受けることによって私たちの持っている疑いえない知識が、実は疑いうるものであり、根拠のないものなのだということを暴露する世界像になるのである。

それゆえ「倫理的問題」というのは、そうした相容れない世界像の衝突、という事態のことであるだろう。精神分析はしかしそうした衝突を回避するために必要な「態度」、すなわち異なる世界像を持つものに対して、それをみずからの理論において分析し尽くさないという「節度」を持っていない、ウィトゲンシュタインにはそう見えたに違いない。

この「倫理的問題」という論点は、『確実性』と同時に書き進められていた、他者の心についての懐疑論という、『最終草稿第二巻』の主題においても言える。そこでウィトゲンシュタインは、他者の心が事実不透明であり、非対称なものとして現れていることを認めていた。しかし彼は、もし私たちが他者の心を見通せるような、より透明な言語ゲームへの移住が可能になるとしても、生き方を変えてそうした言語ゲームへと移住することに対して、躊躇を示すのである。彼はこのときおそらくはそれに伴って引き起こされる「倫理的問題」に対して、強い懸念を持っていたに違いないだろう。ここでウィトゲンシュタインは、次のように言ったかもしれない。すなわち他者の心の非対称性、不確実性は、いわば私たちが実践において引き継いできた「世界像」の一つなのであって、それは他のさまざまな言語ゲームと絡み合い、それらを動かす「蝶番」になっている、と。しかし、この世界像だけからではどのようにしても、他者に対する懐疑論を鎮め、他者の言葉や振舞いを肯定し、他者の心について語るような実践の可能性は生み出されないはずである。

ここで私たちは、ラカンの分析理論において見た、主体の規範性の獲得に関する発生論的な叙述を思い出さなくてはならない。そこではウィトゲンシュタインが「原初的言語」において必要とした規範的な他者としての「大人」に先だって、母親に代表される想像界の他者、すなわち子どもの欲求を完全に満たすような理想性を発揮する他者の存在が前提されていた。そしてこのような他者の審級があることによって、はじめてラカンのいう対象aによる補塡も成立するのである。

このように無条件に他者を受け入れる態度が、人間のコミュニケーション的な規範世界の成立の原点にあると考えることは、ひとつの重要な示唆を私たちに与えてくれる。それは、自力で生きてゆくことのできない、そして同時に自己の欲求を制御できない、乳児という示差的な他者に対するコミュニケーションの原点でもある。もしそこで乳児を「不可解」な存在と断じてしまうならば、それをひとりの他者として遇することすら、成り立たないであろう。眼前にいる他者が単なる物的対象ではなく、ひとりの他者であるためには、それを「他者として」応接する態度が必要なのである。この態度とは、他者が非対称であり、示唆的な存在であることをわきまえつつ、それを規範において裁く以前に、他者の存在を自分と等しいものとして受け入れるということである。

ここで行われるのはある種のアニミズム的な操作であるかもしれない。しかし重要なのはそれがあくまで、他者に対する態度にとっての「原点」にすぎないということである。こうしたアニミズムはある意味においては、他者についての語りを対称化してしまうものでもあるからだ。重要なのは、そこを出発点として、その他者に今度はいわば懐疑的な世界像から、私にとっては決して知りえないものとしての非対称な「心」を見いだそうとする、第二の作業である。いわばこの両輪によってだけ、私たちは微妙に移りゆく捉えがたい他者との関係を渡ってゆくことができる。このような実践的な態度によって、「他者の心について語る」という、本来は不可能な営みが初めて可能になる。それは「心の科学」のような「理論知」ではなく、ウィトゲンシュタインの「世界像」のような、何らかの知識内容を持たない「実践知」に類するものであると考えて良い。しかしそれは世界像のようにただ暗黙の内に引き継がれた「伝統」なのではない。むしろそこに根ざしながら、つねにコミュニケーションの危機において新たに立ち上げられるべき「努力」であると考えるべきだろう。(11) そしてこのことによってはじめて、この実践知はさまざまな他の具体的知識のネットワークの「蝶番」となりうるはずなのである。

ウィトゲンシュタインにとって「倫理的」態度は、何かを語りつくし決定してしまうことを思い留まり、しばし沈黙するという作法であった。しかしまた、この沈黙は、『論考』のそれのように、あらゆる言語の可能性を呑み込んでしまう闇であるべきでもない。「言語ゲームの倫理」とは、言語ゲームと言語ゲームの「あいだ」の倫理であり、そうであるためには、この沈黙からさらにまた言葉を差し出すという所作がなくてはならない。この「沈黙」と「発語」という、言葉をめぐる態度が揃ってはじめて、他者の心について語ることは何らかの意義を持ちうるであろう。

註

（1）従来『哲学探究』の第二部として知られていたこのテクストは、近年では遺稿管理者たちによって『哲学探究』

第一部とは別の書物のための草稿と考えられるようになったため、二〇〇九年の新版では「心理学の哲学——断片（Philosophie der Psychologie——Ein Fragment）」として、従来の『哲学探究』第一部に付随して収録されるかたちとなった。これに伴い、新たにこれまでとは異なる細かな「節番号」がつけられているため、本書では旧来の章番号に新たな節番号を併記した。邦訳としては丘澤静也訳（二〇一三）が新版によるものである。

（2）Seele の訳語については、本書第八章を参照。

（3）Grünbaum（1984：邦訳二頁）。「科学主義的自己誤解」はハーバマスの主張である。

（4）マルコムによれば、ウィトゲンシュタインはある哲学者が一九四六年の冬に発表した論文に「哲学はウィトゲンシュタインの手にかかって一種の精神分析になってしまった」と述べられていたのを見て激怒したという（Malcolm, 1958: pp. 56–57）。

（5）『論考』五・六および五・六一。

（6）『フレーザー』邦訳四〇六頁参照。なお、タイプ草稿には含まれない手稿には「私は現在、一種の呪術としての形而上学についての考察をもって私の本を始めることが適切であろうと考えている」（*Philosophical Occaisons*. p. 116）との記述が見られる。ウィトゲンシュタインはフレーザーの著作に対してきわめて批判的である。フレーザーは原初的な慣習を科学的な「説明」に置き換えようとするが、ウィトゲンシュタインによれば「それはこれらの［宗教的・呪術的］見方を錯誤であるかのように思わせる」ものであり、そのように説明を企てることそれ自体が失敗なのである。ウィトゲンシュタインはむしろ、フレーザー的観点を転倒させ、あらゆる人間の生活の根底に、説明することに意味のないような、神話的＝呪術的な生活の形式を見出すことができると考えたのだと思われる。

（7）「精神分析における言語と言語活動の機能と領野」（Lacan, 1966：邦訳第Ⅰ巻）。

（8）「〈わたし〉の機能を形成するものとしての鏡像段階」（Lacan, 1966：邦訳第Ⅰ巻）。

（9）原語では「objet petit a」。この「a」は「大文字の他者 Autre」と区別された「小文字の他者（autre）」に由来し、一応は前者が象徴的な他者、後者が想像的な他者に対応すると考えられるが、この対応は厳密なものではない。なぜなら大文字の他者は象徴的な仕方で世界の秩序を与える他者ではあるが、同時にそれは世界の内部の具体的な他者において決して定点を持たず、限りなく小文字の他者へとすり替えられてゆくような他者性なのである。

(10) ウィニコット（Winnicott, D.）は幼児が毛布やテディベアなどの対象に執着を持つことに注目し、それが母親から分離し、対象世界と関係を持ってゆく過程に特有の「わかれがたさ」を過ぎ越すための「移行対象」としての機能しているのだと考えた。つまりそれは母親との分離によって子どもの味わう幻滅を、特定の対象による代理を通じて軽減してゆく機能であり、その機能が果たされることによって、その特定の対象は、やがてなんでもないただの「切れ端」や「ぬいぐるみ」として扱われるようになってゆく。この過程をウィニコットは「脱錯覚（disillusion-ment）」という概念で記述した。これは決してただ乳幼児の発達段階に限られた問題ではなく、生涯を通じて人間が物にとらわれつつ、またそこから自由であるような「現実性」の中間的な構造を言い当てているようにも思われる。詳しくはWinnicott（1971）を参照されたい。

(11) この「コミュニケーションの危機」とは、例えば医療や福祉の現場においても深刻な仕方で現れているものである。脳死や植物状態、あるいは重度の障害や認知症、精神疾患などの患者に接するものにとって、そこに存在する身体を「心あるもの」として遇するか否か、という問題はきわめて微妙で難しいものであるだろう。心を科学的な見地から語る立場なら、それを「心なき存在」と語って憚らないかもしれない。しかしその他者と暮らし、あるいはその他者を看取るものにとって、そうした態度は耐え難いものに感じられるだろう。こうした立場の違いは、臨床の現場においてさまざまな軋轢や過誤を生んできたと思われる。科学を標榜する立場は、この対立の解決は科学的知の「徹底」によって可能になると、時に安易に考えるだろう。しかしウィトゲンシュタインが「精神分析」について述べたように、そうした知は、倫理的な問題については何の「解決」も与えることはできないと思われる。大切なことは、どちらかの立場に与することではない。むしろ、そこではそこに「心があるかないか」といったことを決定してしまうような言説を避けなければならない。むしろそれを「未決定」のままに留めることによって、はじめて異なる立場の「知」とのいわば共同作業が可能になる。これは科学の側だけでなく、ケアの側にとっても重要なポイントである。迫り来る「死」を受け入れるための準備において、他者の心を「知りえないもの」の領域にとどめておくことは、そのために一定の役割を果たすであろう。

第五章　世界像と他者

『確実性の問題』再考

1　はじめに――疑いを生きるということ

ウィトゲンシュタインは『確実性の問題』において「世界像」命題と呼ばれる一連の命題を考察した。それはムーア（Moore, G. E.）が懐疑論を論駁するために使用したような「地球は私の生まれるずっと前から存在している」「私の身体は存在する」などの、疑うことが意味をなさないような諸命題のことである。ムーア自身はそれらを外界の存在の証明のために用いたのだが、ウィトゲンシュタインはそのことを批判している。なぜならそれらの命題を疑うことは無意味であるが、それを誤謬だとして退ける確実な証拠を私たちが持っているわけではないからである。むしろ彼がムーアに注目してそこから引き出したのは、私たちが「信念」と呼んでいるようなものは、決して何らかの事実に訴えることで根拠づけられるものなのではなく、反対に何らかの信念の存在のほうが、それらの事実を可能ならしめているのだという主張であったように思われる。

しかし、この「事実」と「信念」の逆転は、同時にあらゆる知識を無根拠な信念として疑いうる可能性をひらくことにもなる。『確実性』のウィトゲンシュタインが相手にしたのは、このような懐疑論の問題であった。そしてこれは、ムーアが論駁しようとしたような意味での「哲学的懐疑論」とは似て非なるものである。それはいわば私たちが実際にとらわれ、現に「生きられる疑い」のことである。それは哲学的な懐疑が無意味であるような命題に対しても、容赦なく迫ってくるものであるように思われる。

例えば、摂食障害の当事者は、自分の身体を「自分のからだのようでない」と感じることがあるという。それが自分のからだであるということが、認められなくなるのである。そしてそれをまるで棒きれやただの肉塊のように扱う。決して肥っているわけではないのに、痩せたくなり、満腹であるのに満たされず過食嘔吐を繰り返す。その過程でかれらは、身体を「消去」しようとしているのである。

「時々ね、ふっと私、身体がないんじゃないかっていう気がするんです。すごい解放感！　宇宙飛行士ってこういう感じかなって思う（略）……でも直ぐにまた体重を感じてしまうんです。その反動がとっても嫌。それでまた、もっと痩せようとするわけで……」（大平、一九九六：一四二－三頁）

しかし、似たようなことは私たちの日常の場面にもしばしばあることなのではないか。自分が自分であることと、この身体が自分の身体であること、そして自分が生きているということ。そういうことは当たり前で、疑う意味などないはずなのに、あるとき急にそれが分からなくなることがある。そうした疑いに入り込むと、それまで当たり前に暮らしてきた日常のどこを見回しても、その疑いからの出口がないように思われてしまうのである。人がみずから死を選ぶことがあるのも、きっとそんな迷路に入ってしまうからである。

ウィトゲンシュタインが死の直前まで格闘した「確実性」をめぐる問題は、たんなる「懐疑論」とは区別された「疑いを生きること」の問題だったと私は考えている。しかし、これまでなされてきた解釈の多くは、この疑いの「種差」に注意を払ってこなかったように思われる。それゆえ、彼が一体何のためにこの草稿を残したのか、という肝心の部分が理解されず、また「世界像」という概念をめぐっては、あたかもそこに「言語ゲーム」の確実な基盤が見いだされると、ウィトゲンシュタインが結論づけたかのように読まれてきた節がある。しかし、私には彼が何かそのようなものを言語ゲームに与えて、その思考を閉じたとは全く思われない。彼の人生は閉じられたが、思考は開かれたままなのである。

しかしそれゆえに、彼は私たちに「バトン」を渡してくれているのではないかと、ここでは考えてみたい。そのために私たちは『確実性』という草稿をその成立に従って、いくつかの部分に分けて考え、さらにはそれらを同時期あるいは先立つ時期の諸草稿の全体の中に置き直すという作業をしなくてはならない[1]。するとそこには、ひとつの「疑い」の形式を問い続けるウィトゲンシュタインの姿が浮かび上がってくるのではないだろうか。それは「他者」もしくは「他者の言語」への疑いである。そして『確実性』というテクストは、この疑いの形式を純化してゆくことのうちに、その困難を実践的に乗り越えてゆく地平を指し示しているように思われるのである。

2　言葉への懐疑（一〜六五節）

私は自分の身体をもっており、それは確かにここにあるということを私は知っている。しかしその知識は私が自分で見つけだしたものではない。私はそれが身体であり「私の身体」であるというような

「言葉遣い」を学んだのである。自分は両親から生まれ、これこれの名前を持つこと、地球は遠い昔から存在していること、そのようなことは、私がいつしか大人から教わり、見聞きして知ったことである。しかし自分が宇宙からやってきた卵から生まれ、橋の下で拾われたのでなかった、ということを私は確かめる手立てをもたない。大人は嘘をついていたかもしれず、私はさまざまな事柄を間違って覚えたのかもしれない。

このような疑いは明らかに「外界の実在」を疑ったり自分の「感覚」を疑ったりする仕方とは異なったものである。例えば、目の前に二本の松が並んでいて、全く同じように見えるにもかかわらず一方に「クロマツ」他方に「アカマツ」と書いてあるならば、私はそれが本当なのか疑うだろう。しかしこの疑いは決して松の実在についてなのではなく、名前の真偽について抱かれる疑いである。これと「卵からうまれた」話は一見するとまるで違ったことのように思われるかもしれないが、実はその疑いの構造は同じである。なぜなら、ここで疑われているものはいずれも他者から与えられた「言説」であるからだ。『確実性』のウィトゲンシュタインが主題としている「疑い」の核心にあるのはこの「言説」への疑いである。このような懐疑の可能性は私たちには一見何でもないことのように思われる。私たちは確かに多くの事柄を信じて疑わないが、また多くのことを疑いながら身を守っているともいえるのである。根も葉もない他人の噂、大袈裟な広告、もっともらしく警告を与える占いのページ。それらをいちいち信じこんでいては、ろくなことにならないのを私たちは知っている。だが反対に、行き過ぎた疑いというものもある。詐欺にあってひどくだまされた人は、どんなに信頼できる人間のことも信じられなくなるだろう。しかしそのように全てを疑っていては、これまた生活がたちゆかなくなるのである。問題は、私たちが一体何を根拠にある言説を信じ、ある言説を疑うのか、ということにほかならない。

もしここでその根拠を何らかの事実に求めようとすれば、私たちはただちに無意味な懐疑論に引きずりこまれてしまう。しかし、そうでない仕方で、私たちが何らかの言説から確かに知識を得ているということができるとすれば、それはどのようにしてだろうか。『確実性』を書き始めるウィトゲンシュタインは、この「疑い」の可能性をまだそれほど重視してはいなかった。

そもそも実生活において、ここに手があるということ（それも私自身の手があるということ）をことさらに確かめる場合があるだろうか。（『確実性』九節）

しかし、彼は単にムーアのようにその命題をそのまま受け入れるわけではない。ウィトゲンシュタインはこの「命題」をあくまで「言説」へと置き換える。ムーアはそれらの命題を確実に「知っていること」だと考えるのだが、ウィトゲンシュタインはそれを「知っていると言うこと」として捉える。そのうえで、そういう「言説」が日常では意味をなさないものであることを示し、そこから逆説的に、それを疑うことも無意味だと考えるのである。

では、それは何故無意味なのか。ウィトゲンシュタインは『探究』以来の規則論との類比においてこの問題に答えようとする。

これが計算の仕方であり、こういう状況では計算を無条件に確かなもの、絶対に正しいものとして取り扱う、それだけだ。（『確実性』三九節）

このように計算する、計算とはこれである。学校でもまさにこの通りの仕方で私たちは学んでいる。（『確実性』四七節）

『探究』においてウィトゲンシュタインは規則に従うことをひとつの盲目な実践だと考えた。この実践は、規則を教える他者に盲目に従うことで身につけられたものなのである。私たちは疑いえない常識に属するような知識を、いわばそうした盲目的な実践の一部として得ているのだ。

そのように考えるとき、当然その常識も計算を学んだように他者から学んだものであるということになるだろう。もちろん私は「私の手は二本ある」とか「私はオオサンショウウオではない」などということをそういう知識として教わったわけではないのだが、「私」「手」「オオサンショウウオ」「人間」などの概念は全て他人から学んだ「言葉」であり、私はその使い方を学んだわけである。従ってやはり何らかの意味でその背後には「他者の言説」が厳然と控えているといわなくてはならないだろう。

しかし、そうならばそれらの知識は、やはり他者から学んださまざまな知識、例えば歴史的知識や科学的説明、あるいは伝聞や噂のように、誤りうるものなのだろうか。そんな筈はないだろう。それらの諸知識では、やはり何らかの形で確実性の異なった段階があるように見えるのである。そして、もしそうでなければ、「ここに手がある」が「ソクラテスは醜かった」とか「邪馬台国は九州にあった」などといった知識と区別される基準がないということになってしまう。ウィトゲンシュタインはそのため、あらためて問題に取り組まなくてはならなくなるのである。

3　世界像と他者（六六〜二九九節）

私たちの現実は、決してすべて疑いえない知識によって構成された実践であるとはいえない。むしろ私たちは誤りや疑いということを含んだ言語ゲームを生きているといえる。だが、そのようなゲームが成立しているということは、私たちがそこで何かの真偽を判定する基準を共有しているからに他ならない。しかしながら、前節までで確認したように、そのように基準となるものを私たちは決して事実の側に見ているとは限らない。そして、基準と見られる事実自身もまた、何らかの意味で別の知識に依存しているのである。

では、私たちは一体何に依存しているのだろうか。ここでウィトゲンシュタインは有名な「世界像（Weltbild）」という言い方を使う(2)。

私の世界像は、私がその正しさを納得したから私のものになったわけではない。私が現にその正しさを確信しているという理由で、それが私の世界像であるわけでもない。これは伝統として受け継いだ背景であり、私が真と偽を区別するのもこれに拠ってのことなのだ。（『確実性』九四節）

一見するとここでは、私たちのあらゆる知識や信念が「世界像」という、経験による確証を超えた基盤に依拠していると主張されているようである。しかし、実はそうではない。そもそもウィトゲンシュタインは決してここで積極的に「世界像」という概念を導入したわけではない。それは『確実性』の中のごく短期間の手稿、すなわち六六節から二九九節に当たる部分だけに限定されて用いられている表現であって、三〇〇節以降の考察では放棄されたといっても過言ではないように思われるのである。

それは、こういうことである。ウィトゲンシュタインは世界像というものを、徹底して「他者から学んだ」ものとして提案しているのである。このことにおいては、それは歴史的な知識のようなものと身分上の差異はない。私たちはあらゆる知識を、ただ「他者の権威に従って受け入れ」（『確実性』一六一節）ているだけであり、それ以上のものは何もないのである。それでは「世界像」とは実際にどのような仕方で他の知識と区別されうるのだろうか。ウィトゲンシュタインによれば世界像とは「私のさまざまな探究や主張の基体（Substrat）」であり、それは「仮説」とは異なって「それを記述する命題が皆同等に検証の対象になるわけではない」（『確実性』一六二節）。つまりそれは他のさまざまな知識が学ばれることのうちで他者から受け継いだものでありながら、普通の意味で「信じられる」ようなことがらとは異なったものであり、しかしまたそれは「知っている」という仕方で表現されるのでもないようなものなのである。

子どものころ、私たちはさまざまな事実を学び、それを信じる。例えば誰でも脳を持っていること、豪州大陸が存在し、その形はしかじかであるということ、私には祖父母があるということ、私の両親と称している人たちが実際に私の両親であるといったことなどである。こういう信念が全く言葉に表されず、それについて一度も考えたことがなくても差し支えない。（『確実性』一五九節）

世界像は私たちのさまざまな知識、さまざまな信念の体系に織り込まれている。しかし世界像はそうした、命題化し検証することのできる体系の部分とは異なった役割を持っている。(3) ウィトゲンシュタインはこの両者を、川床とそこを流れる水との関係になぞらえている。それらは区別することができるが、しかし水の流れが川床を移動させるといったこともありうる（『確実性』九七節）。つまり世界像とは、決して信念体系や常識の体系といった意味で用いられているのではなく、体系ともいえないようなさまざまな知識や信念の流動する全体によって削り出された川床、つまりそれは水の流れなしに、それだけ取り出して語ることに意味のないようなものなのである。

では、通常の疑いうる知識と世界像との「種差」は、一体何によって示されるのだろうか。注意しておくべきなのは、この区別が「経験的に検証可能」であることと、「アプリオリにそれが真である」こととの区別としては成立しない、ということである。だがそうならば一体この区別は区別たりうるのだろうか。ウィトゲンシュタインは次のように言う。

> われわれにとって確実性の根拠になるのが経験であるとすれば、それは当然過去の経験である。そしてそれは単なる私の経験といったものではなく、私の知識の源泉である他者の経験なのだ。（『確実性』二七五節）

これはいささかアイロニカルな表現とも取れようが、世界像の確実性を与えるものは通常の可謬的な知識の検証のように、私自身が目で見て確かめること、例えば池の中に蛙が何匹いるか、といった経験による作業ではない。世界像と呼ばれうる知識は、自分の目で確かめることによって獲得され、信じられるものではなく、他者から教えられたままに、他者の言葉を信じることにおいて、それを「疑わない」ものなのである。それゆえ、世界像とは、それを持つ人物が属する共同体における科学や教育の在り方、そしてその人の個人史に決定的に依存するものとして、位置づけられるのである。

しかし、それが自分自身で確認できないものであるならばなおさら、それを疑うことは可能なのではないか。実際ウィトゲンシュタインは私たちの知識や信念は流動的なものであることを認めている。そしてそれに伴って世界像も揺らぎを持つことは必至であろう。もちろん私たちは確かに世界像に属するような命題を、殊更に問うことはない。つまり、私たちは根拠のないことを、容易く信じるのである。そしてその信念は、知識を教え込んだ他者の権威への盲従としての「信用」に過ぎないのかもしれない。そうであっても、それを改める必要がなければ、それを疑う必要は生まれないのである。

我々は地球が丸いことに満足している。(『確実性』二九九節)

ウィトゲンシュタインはそう書いて、いったんこの草稿を中断し、その後「世界像」という概念を書きつけることはなかった。ウィトゲンシュタインはこの概念を有効に用いるための道具だてを作り上げることができなかったのである。

4 原初的言語再考

ところで、言葉の背後には必ず「他者」がいるということを、ウィトゲンシュタインは中期においてすでに意識していた。『哲学的文法』において彼は「命題の意味を理解すること」とは何かを問題にしていた。これは一見すると何でもない問いのように見えるが、ここでは前期の言語観からの重要な一歩が踏み出されている。『論考』において命題とは、それが命題であることにおいてすでに「意味」を持って理解されているものなのであり、そもそも意味の理解できない命題は、意義を欠く（sinnlos）ものなのである。他方、命題でありながら「無意味（Unsinn）」とされるものもある。だがこれは「理解できない命題」ではなく「語りえない命題」すなわち価値や倫理にかかわる超越的なことがらを語ろうとする命題のことである。いずれにしても、そこで「命題の意味理解」が問われる状況は想定されていなかった。そうした状況は何か「分からないもの」としての命題に出会うという場面、すなわち「他者の言葉」に出会うという経験でなくてはならないだろう。しかし『論考』における言語はそのように外部から到来するものではなく、「私がひとりで理解する」独我論的な言語に過ぎなかったのである。

しかし、実際に「他者の言葉」を理解する、という場面を考えてみると、そこでの「理解」はさまざまな可能性を持っている。すなわち、私はその意味を多様な仕方で解釈することができるのである。その一方、他者がそこでどのような含意を持っているのかを、自分自身を知るようには認識できない。

しかし私たちはいつもそのような「自他の非対称性」に直面しなくてはならないのだろうか。ウィトゲンシュタインはさまざまな言語行為を考察しながら、この非対称が実践においては一致になっているような場合を見出そうとした。それが「命令と服従」の言語（『文法』二節）である。例えば願望や推測といった行為は、他人の心が意味的に不透明であるからこそ成り立つものであり、そこでの眼目は「一致」ということにはない。しかし命令の成功は、服従者がその命令に実際に従い、命令者の意図に一致することで始めて成立する。何故そんな命令をするのか、といった問いが指し挟まるとき、それは命令としては失敗である。「そんなことは知らなくてよろしい」というわけだ。

ウィトゲンシュタインはここで、決して他者の視点の存在を無視したり、消去したりしているわけではない。むしろ正確にいうならば、彼は現実の言語行為において具体的な他者がどのような仕方でその他者性を「縮減」させているかを、ある際だった言語行為の場面に見て取ろうとしていた。そして命令の言語というモデルはこの縮減されたかたちの他者が、いかなる言語使用においても潜在的に、言語規範の効力を規定しているのだということを示唆しているといえる。

普通私たちの日常において実践を共有する他者は、「他者」という概念で指示される不確定な存在者であるというより、まずもっては名前や役割によって認識される「人間」というほどの存在である。そしてそのようなときは私自身についても自分を規範に従うひとりの「人間」として見ているだろう。ここで他者は非対称的というよりも「類似的＝対称的」な存在として意識されている。このような他者は、その他者性を縮減させながら、規範に内在するような仕方で秩序を体現している。手をあげればタクシーが停まり、定期を見せればバスに乗れるような、私たちの生活は、他者性が何らかの仕方で縮減されているような関係性の網の目によって支えられている。そのことをウィトゲンシュタインは「命令と服従」のモデルで示そうとしたわけである。

しかし、本当にこのモデルだけで、そのような縮減が成立しているかについては、再考の余地がある。なぜなら、かの「命令の言語」それ自身は、決して他者との「類似的」関係を記述したモデルではないからだ。確かにこれをひとつの「モデル」にして言語を考察すると、他者の「非対称性」は縮減されるように見える。だがこのモデル自身は、命令者と服従者の絶対的な「非対称」の関係である。さて、そうであるとすると、この縮減が効力を持つためには、ひとつの条件が必要である。実はこのモデルにおいて命令と服従の関係が成立するためには、「絶対服従」という仕方で、受け手がその命令を疑う可能性を「禁止」するという操作が成立していなくてはならない。だが、この操作を可能にするような条件は、規則の恣意性という自他の非対称的な関係の場面からは直接引き出されないはずである。それゆえ、

『文法』の考察ではこの恣意性もまた、超えられないものとして残ってしまうのである。

では、その条件はどうやって導かれるのだろうか。重要なのは、ウィトゲンシュタイン自身の記述の「視点」がどこにあるか、である。彼の視点は、実はこのモデルを客観的に見渡せる第三者的場所にはない。『青色本』『探究』において言葉の意味とは何か、という問いを立てているウィトゲンシュタインは一見言語の営みを客観視しているようであるが、彼の中期の問いが「命題の意味を理解することとは何か」という仕方で始まることを再び思い出そう。つまりここで彼は「理解する」側に立って考察を進めてきたはずなのだ。この立場はすなわち規則に従い、服従する立場にほかならない。

そうならば、この視点において他者はいつでも命じる他者、規則を教える他者として顕現している。この他者はそれゆえ必ず「規則と一致したもの」として登場する。このとき、視点の他者性つまり他者と規則のあいだの差異という仕方で現われる「恣意性」は、他者の視点が規則と一致してしまうことによって盲点に入るだろう。先ほど「条件」と呼んだものは、規則に従う立場に立つことで、他者の現われかたを規則の側に「極在化」させてしまう、ということなのである。

しかし、この他者の極在化は条件の半分でしかない。ここでクリアされているのは、規則と他者が一致しないという認識上の問題だけであり、それだけでは受け手が命令を疑う可能性は完全には禁止されていないのである。この認識上の条件づけが必ず命令に「従う」側の視点において成立するのだとすれば、もうひとつ「認識上の」問題が同時に発生せざるをえないはずである。それは、他者と規則の差異ではなく、他者＝規則と自分との差異を認識してしまうことである。つまり、自分はこの規範についてゆくことができないと感じ、そこで仕掛けられた「命令」の言語に乗らず、それを拒否できるような視点の問題である。そしてこれは認識上のみならず、実践上の問題として問われてくるはずである。

これに対しウィトゲンシュタインはそのような条件の二重性を隠すような、別の言語行為のモデルをそこに重ね描くことで、この問題を切り抜けようとした。それが『茶色本』以降で取り上げられるような、子どもが言語を学ぶ場面である。子どもは大人から、いわば盲目的に言語を学ぶ。このとき、子どもは大人の言葉を疑うことをしない。疑いが先行すれば、そもそも言語の修得は不可能であるからだ。さらに、子どもは疑うということさえ、誰かから学ぶのである。このいわば第二のモデルを第一のモデルに投影することによって、そのような修得の風景をあらゆる言語ゲームの「旧市街」に例える。ここにウィトゲンシュタインは「言語ゲームの原初的モデル」を作り上げる。だがこの「原初性」という概念は問題含みである。

そもそも、私たちは言語の習得という場面を、大人の立場においてしか見ることができない。大人にとって、子どもに言葉を教える言語は決して原初的なものではない。この「原初性」というのは、あくまで大人の想像によってしか記述できないような、理念的な場所を示している。この理念性＝理想性によってウィトゲンシュタインは、大人の存在も同時に、完全に規範を体現した「絶対者」という仕方で理想化するのである。確かにこのモデルを採択すれば、ひとつの理想的な状況で規則と他者の差異は縮減されるだろう。

しかし、規則の他者性を認識させるのは、「絶対的」な他者の視線なのではない。その絶対者たる他者＝規範がまるごと相対化されてしまうような、他者自身の現実的な現れかたが、そうさせるのではないのか。このような事態とは、言ってみれば他者において「他者の心」という「見えない」領域が措定されることに他ならない。この「見えなさ」とは他者＝規範が丸ごと変貌してしまうような「心変わり＝恣意」の捉え難さなのである。私たちの現実とは、つねにかの理想的な「子ども」の状態を、手の届かない過去にしか持たず、代わりにこの「見えない」現実にいつも可能的に接しているのである。

当然ながら、ウィトゲンシュタインも私たちの実践においては他人を疑い、あるいは嘘をつくといった「不確実」なコミュニケーションの状況が存在すること、それゆえ他人をあるとき急に理解できるようになる、といった経験的な変化がありうることを意識していた。『確実性』と同時期に取り組んでいた『最終草稿第二巻』は、まさにそうした「非対称」なコミュニケーションに「原初性」を見出そうとする試みであったと考えることができる。(4) その思索は決して見やすい考察にはなっていないのだが、しかしウィトゲンシュタインはこの時期に、やはり大きな転換のプロセスに足を踏み入れていたように思われる。なぜなら、『探究』の考察が現実の言語実践に対して、つねに「原初的言語」というフィルターをかけることで、規則に根元性を与えようとしていたのに対し、晩年の思考はそのような眺めを維持しながらも、実際には現実の実践の場面からしか出発できないことを自覚しているように思われるからである。

他者と生きられる言語的実践のうちに、リアルな「非対称」が埋め込まれていながら、そこにはある種の「規範性」が確実に共有されてもいる。これを自覚するところから、『確実性』の問いは生命を持ちはじめる。それは決してムーアに触発されて始めた、後期の哲学とは独立した考察なのではなく、言語ゲームが不可避に胚胎した「他者性」のうちに、徹底的に(理論的ではなく)実践的な規範の形式を見出そうとする試みであったといえるだろう。それゆえ、自己の確実性への問いも、必ずまた他者への疑いとの相関へと開かれているはずなのである。

ウィトゲンシュタインは、二九九節までの考察に満足することができなかった。もし私たちの疑いえない知識が、ただ他者から学んだというだけならば、一体なぜそれを通常の知識と同様に「疑う」ことができないのかは、まるで分からない。再び考察を始めるウィトゲンシュタインは、これまで彼がこだわり続けてきた「原初的言語」という色眼鏡をいったん外し、疑いえないと見える知識に関しても、疑いに晒すことを辞さないような思考へと歩み出てゆくのである。

5　規範の他者性（三〇〇〜六七六節）

ウィトゲンシュタインは一九五〇年の秋に二九九節までの草稿を書いて以来、翌年の三月まで何も書かなかったが、死が迫っていることを知らされてから、三たび草稿に着手した。そしてこの部分の最初の日に書かれた部分では、次のような事例が検討されている。

教師と生徒。その生徒は、さまざまな事物の存在や、いろいろな言葉の意味、といったように何から何まで疑って教師の説明を中断する。そこで教師が言う。「私の邪魔をするのはやめて、私の言うとおりにしなさい。いま君が疑っても、何の意味もないのだ。」（『確実性』三一〇節）

ウィトゲンシュタインはここで、その生徒をデカルトの「欺き手」のような徹底的な懐疑論者として登場させている。彼は「歴史の真実性」への懐疑や「百年前に地球は存在したか」あるいは「あの机は誰も見ていないときにも存在するのか」といった問いをも立てるのである。こうした問いは、常識的にいえば空虚であるかもしれない。ウィトゲンシュタインもそのように言う。しかし、このような生徒が存在しえないわけではないし、この例は些か哲学的すぎるきらいはあるが、類似の質問をする子どもは実際にいるように思われる。ウィトゲンシュタインは必要以上に常識や分別という枠組みを強調しているようであるが、常識という規範性を身につけることが、全ての人間にとって何の疑いもなく遂行されてしまうことであると考えるのは、やはり乱暴な議論だと思える。そして、もしそういう問いが可能なのであれば、それはまた決して「無根拠」な問いでもない。ウィトゲンシュタインはただひたすら、こうした疑問を「無意味」であり「無根拠」なものと主張することによってだけ、その可能性を捨象しようとする。しかし、この疑問は無意味ではないと、私には思われるのである。

では、そうした疑いに意味があるとすれば、どのようなものだろうか。もちろんこれまで見てきたように、その疑いを原理的に可能にしているのは、知識が直接に知られたものではなく、「他者の言説」として、ある権威のもとに教え込まれた、というその起源である。つまり、この懐疑は「他者への懐疑」であるということもできるのである。ただし、この表現には語弊がある。ここで子どもは哲学者のように、自分こそが真理をわきまえているとばかりに、教師を見下しているわけでもなければ、教師が嘘をついているのではないか、と疑っているわけでもなかろう。そこで生徒が疑うのは教師その人や、教師の背負っている権威の全体や一部ではない。疑いは教師という他者によって、ある規範的な言説が呈示されているということ、そのような規範の表され方に向けられている。つまり、ここでは常識という名の規範性が、いわば他者として顕現している。それが常識であるかどうかはどうでもよい。ただその常識という名の規範性に自分が一致できないことがありうる。つまりそこでは、他者の呈示する規則が、自分自身との関係において了解できないままなのである。

ウィトゲンシュタインは考察を進めながら、この種の疑いの可能性は払拭しえないことを認める。しかし、それに何らかの意味があるということは、認めようとしない。「私が示さねばならないのは、疑いはたとえ可能であるにしても、不必要であるということだ。言語ゲームの可能性は、疑いうるものすべてが疑われることを前提してはいない」（『確実性』三九二節）。もちろん、「常識」という名の言語ゲームを共有する者のあいだではそうであろう。しかし、こうした疑いはそうした言語ゲームの手前、あるいはその狭間で起きる。

例えば、私の部屋に入ってくる人々が異口同音にその反対を主張するばかりか、私の誤りを皆で「証明」してくれる。私は突如として自分が常人のあいだに飛び込んだ狂人であるように、あるいは狂人に取り囲まれた常人であるように感じるということも可能ではないか。そうなれば私は、現在全く疑う余地がないと見做していることまで疑いだすのではないか。（『確実性』四二〇節）

あらゆる知識は、それが何らかの仕方で他者と共有されているとき、その共同体においてだけ真であるという性格を持つ。従ってそれとは全く異なる共同体に属する人間に接するときには、人は自分の知識の基盤を相対化し、見直さなくてはならなくなるだろう。ただしこうした事例は、決して共同体の外部とのあいだに起きる「常識対常識」の戦いに限ったことではない。むしろ、それは一つの共同体の内部の個人同士のあいだに起こりうる。そしてたとえその両者がどんなに親しく、さまざまな生活形式を共有していたとしても、それは相手が自分でなく、他者であるという平凡な事実だけからも、生じうるようなものである。ただし、他者が自分の信念と全く相容れない態度を取る場合に、それはたんに私にとって「不可解」な存在者であるというだけでは済まされない場合がある。人類学の書物を読んで、未開の民族の行動が全く理解できないと考えたとしても、それは私の信念を直接揺るがせはしまい。しかし、実際にその民族の中に自分が入ったとき、その脈絡の中では彼らの常識が私の常識とぶつかりあうだろう。そのような時に、私は他人の常識ではなく、自分の常識を疑うということがありうる。そして、同様のことが、他民族や宇宙人といった「隔たった」他者ではなく、最も近傍の他者とのあいだにも起こりうるのではないか。

このように考えると、「世界像」と呼ばれていたような、疑うことがそもそも無意味であるような知識も、他者との接触という事態において、十分に疑われうるものであるといえるように思われる。そしてその意味では普通の意味での知識や信念と世界像とのあいだに、差別はない。ウィトゲンシュタインもここではもはや「世界像」という概念を使おうとはしないのである。しかし、もしあらゆる知識や信念が同じように相対的な規範性しかもたず、可謬的なものなのであれば、どうだろうか。もし私たちが規範的な他者との関係においてだけ生活しているのであれば、もちろんそのような疑いは無意味なものなのである。だが実際にはそうではない。他者は規範的であると同時に、つねに超越的な性格をも持ち合わせている。つまり他者は私と「完全に」同じ規範性を共有することは、おそらく不可能であって、そこにはさまざまな文脈で差異が現れうる。この差異を真剣に受け取れば、私は規範を共有しない他者におびえ、みずからの世界像に不安を抱き続けなくてはならない。ウィトゲンシュタインがこの考察を執拗に繰り返したのも、そうした思考上の不安を解消したかったからだともいえる。では、私たちがこの世界像に「満足」しているということは、どのようにして可能であるのか。こうした超越論的な根拠づけを、ウィトゲンシュタインは巧妙に回避し続けてきた。しかし、死の直前の考察では、きわめて微妙な仕方ではあるが、そうした問題に近づいてゆく。例えば、数学や物理学の命題には「いわば公式に、反駁不可能の烙印が押されている」(『確実性』六五五節)のであり、それは私たちにとってさまざまな懐疑や問いを可能にする「蝶番」の役割を果たすというのである。

ここでのウィトゲンシュタインはかつての『論考』の思想にきわめて接近している。『論考』において命題の意味は素朴に実在から与えられていたのではなく、あくまですでに「論理」という相において見いだされた世界の構成要素である原子的「事実」との写像的対応としてだけ記述されていたように、『確実性』においても言語ゲームはすでに「疑いえない事実」として見いだされている反駁不能な原理を「世界像」という写像形式において反映するのだとも解釈できる。「言語ゲームの可能性が一群の事実によって制約されている、というのはまさに自明のことではないか」(『確実性』六一七節)。

だが、『確実性』においては同時にそうした「制約」を与える事実が他者の言説という仕方でやってくるという、『論考』においては見えなかった問題が現れている。そうならば、本来「世界像」という「写像形式」は、言説を与える「他者」からの視線が、言語と事実を結びつけるような像の形式であるべきだろう。しかし「像はその表現形式の外に立つことはできない(二・一七四)」という『論考』の洞察をウィトゲンシュタインは守り、言語ゲームを共有しない超越的な他者という「外部」の視点を拒絶したまま、その生涯の考察を終えるのである。

6　世界像としての他者

私たちは冒頭においてひとつの現実的な「疑い」のかたちを提示しておいた。ウィトゲンシュタインは表向き、そうした可能性を現実には認めようとしなかったと思われる。自分が自分であること、自己の身体の存在、そうしたものが「正気」においては揺るがされないと考えているからである。ただし問題は、その正否にはない。むしろ重要なことは、それが現実に揺るがされるか否かにかかわらず、自己の「同一性」を保証する何かは、その同一性の外部からの他者の識別に依存していて、本来自己自身の内に内在するものではない、ということへの洞察である。私たちは同一性という「規則」を他者からの教示という識別を通じて学ぶのだ。しかし、それを維持し反復する実践において、この識別はすでに過去のものであり、その都度現前しているわけではない。それゆえ、その規則への疑いが生じるのである。

そう考えると、このように自己同一的な規範性の根源が「疎外」されている状況でも、私がその規範を疑わないでいることができるならば、それはどのような仕組みによっているのか。ウィトゲンシュタインが「世界像」という概念を用いて答えることを求められていたのは、実はこのことだったのだと思われる。しかし彼はそれに十分に答えることができないまま、この概念を放棄せざるをえなくなったように見える。

その理由は、彼が「世界像」を諸々の知識や信念の体系と区別するために導入した「盲目な学習」の特権性という説明の持つ構造の問題にある。つまり、盲目な学習においては、それを学んだ「当事者」の立場からの報告や検証が封じられているために、この説明を他の経験と同列に比較することが不可能なのである。

では、そもそも「世界像」について語ることは不可能なのだろうか。この問いに答えを見出すのはいささかやっかいな仕事であるが、ここで注目したいのは「世界像」と呼ばれるもののなかに、「自己の身体」に関する知識が含まれていることである。世界像命題は、それ以外にも多岐に渡っており、それらはみな、私がこの現実世界に封入されている様式に係るものである。しかし、このようないわば「世界内存在」の諸様態のうちでも、「自己の身体」はある特殊な位置を担っている。そこは、私が現実において他者に接触するために必要な場所であり、私が世界に帰属している原点だからである。[5]これに較べて、たんに私が私である、というような再帰的な自己同一性は、それのみにおいては私が他者とともに世界を生きているという現実と、何のかかわりももたない。ましてや「地球は遠い昔から存在していた」などという知識も、今現在の世界での他者と私の関係に直接影響するものではないだろう。

しかし、それが身体であるということを教えるのも、また他者である。従ってそれは「他者の言説」としての世界像の域を出ないのではないか、という疑問がおこるだろう。もちろんそのとおりであろう。ただし重要なのは、他者との接触の原点を同定する規範性が、自己自身からではなく他者の方から与えられているという構造が、ここに見えていることだ。従って、それは私が世界に封入されている形式が、必ず他者という自己の外部の視点を要請するということを示すのである。

実際、冒頭に見たような事例は、自己の身体の受容が「他者の視点」からの受容と「等根源的」であることを表している。摂食障害のような「嗜癖」の病理の背景には、「共依存」という関係性の病理が隠されているといわれている。[6]つまりそこでは身体的な活動の嗜癖的な逸脱が、たんに自己の内における混乱や失調ではなく、家族のような親密な他者との関係性に起因する失調だと考えられているのである。

発達心理学の知見をまつまでもなく、個人の自己同一性が保証されているのは、親のような重要な役割を果たす他者による「承認」という識別が与えられているからである。この識別は、ウィトゲンシュタインが原初的言語のモデルにおいて記述したような、権威による命令への服従、という仕方でのみ与えられるのではない。精神分析などでは、こうした識別にはまず、規範に先行して与えられている母親的存在との想像的な一致関係が必要であり、そこで幼児は理想的他者の身体をつうじて自己の身体的欲求を満たす。しかしそれだけでは幼児は個体として自立した欲求の主体とはなりえない。この想像的な密室は規範を体現する他者の介入によって破られ、そこではじめて幼児は他者の「命令」に従うことで規範的な他者の「言葉」へと一致し、身体的な他者への同一性を自己の身体の個的な同一性へと変換するのである。

しかし、この二種類の他者の審級の区別がうまく働かない状況があると、当然その同一性も失調を来すことになる。摂食障害などの事例では、自己の身体像がいつも他者の評価においてだけしか決定されない、という事態がおきているが、その場合は、原的なレベルでの肯定が希薄なままに、規範的な他者の視線が過剰に与えられたり、空転したりしているために、それを現実における他者の視線の水準に読み込もうとしすぎるところに問題が生じるのだろう。こうした依存症の当事者は、一見すると親の言うことをきく「よい子」のように見えながら、実際には「他者の理想」に一致しようとするあまりに、自己の身体をも否定してしまうのである。

私たちが「世界像命題」のようなことがらをおおむね疑いえないのは、おそらくこうした他者による原的な肯定に基づいて、他者に由来するさまざまな規範が受け入れられてきたからだろう。しかしながら、この「原的な肯定」を自己のうちに認識することは不可能だろう。それは「命題」として与えられるような知識ではなく、そうした言語的な地平を可能にするような、経験的には遡及できない場所にある「起源」だからである。それゆえ、これについての「理論的」探究は、この起源の超越性を、世界に内在する知識の〈不確実性〉をつうじて明らかにし、その超越性をいわば現実のうちに「予期する」ことにおいて、限界に達してしまう。従って、私が世界のうちにあるということは、その意味についての「謎」として与えられているということなのである。

それゆえ、この謎は、徹頭徹尾「実践的」な探究においてのみ応えうるものであろうし、それゆえにその「謎」もまた、つねに実践的な場面に差し戻されることによってのみ、「謎」としての生命を保ち続けうるのかもしれない。

現実に他者が自分にとって理解できないとき、それは決して「他人の心」が理論的に覗き得ないからなのではない。むしろそうした「困難」は実際にその人とどのような関係を結んだらよいのかという、実践的な問題としてだけ現れるはずである。ウィトゲンシュタインが、自分と異なる原理を持つものに対して有効なのは「説得」だけであるといったのは、まさにこの文脈においてであった。しかし「説得」とは、いってみれば他者の立場を否定することで消去し、代わりに自分の世界像を強要することと、大差はないように思える。むしろ上述のような謎に実践的に応えるような仕方で他者を理解し、共に生活するということは、決してやみくもに他者との差異を消去し、何らかの仕方で一致することではあるまい。むしろそこでの「他者理解」の鍵は、私と違うものとして、それを肯定することなのである。

ここから以下のように考えることができるかもしれない。私たちは他者との差異を肯定するという所作においてだけ、私がこの世界に他者たちと共に生きているということに、原的な「肯定」が働いていることを信じることができるのではないか、と。私たちが「世界像」と呼んできたものも、実はこのような仕方で他者の側から「他者のすがた」として到来し、それが現実の具体的な他者へと反復＝移入されることをつうじて、制作されるものだと、私は考えたい。いささかスローガン的に言えば、「世界像としての他者」がそこでその都度作られてゆくのである。

7 おわりに

『確実性』という遺稿は、これまで多くの解釈者によって、後期の哲学の主題からは独立した、認識論的問題に集中した考察として読まれてきたように思われる。確かに、そこで扱われている知識の確実性というテーマは、「言語ゲーム」という特異な立場を導入しようとした『探究』の議論とは違い、オーソドックスな哲学的問題としての「懐疑論」に対する独自の見解を示している点において、理解しやすい側面を持っているかもしれない。しかし、そうした視点から見ると、『確実性』という草稿がその内部に孕む緊張と、議論のダイナミクスは見えにくくなる。すなわち、なぜウィトゲンシュタインが死の床にあってまで、思考を駆り立てて、この懐疑論に対する論駁を繰り返さなくてはならなかったのか、という必然性が見えなくなってしまうのである。彼はそこである一定の立場に到達して、そこから懐疑論を退けたのではなく、懐疑論とまさに剣を交えながら、一歩一歩足下を確認しようとしていたのである。従って、『確実性』という営みを単純に「懐疑論の論駁」と言ってはならない。それはみずからも懐疑論を遂行しながら、同時にそれを駆逐しようとする、ある意味では弁証法的ともいえる思考だったのである。

このことはウィトゲンシュタインの後期哲学の全体について言えることでもある。論理的原子論の崩壊と規則の恣意性の認識、言語ゲームの原初性と規則遵守の盲目性、他者の心への懐疑論と、アスペクト論、そして規範そのものの他者性と世界像の問題、これらはいわば巨大なフーガを聴くように、相互に絡まりあい、繰り返され、変容し、循環している。そしてその末尾は、バッハ（Bach, J. S.）の〈フーガの技法〉のごとく、突然中断されるのである。

『確実性』での思考は、死を目前にした哲学者のたどり着いた「枯淡の境地」には程遠い。むしろそれは、終わりなき思考へとみずからを駆り立てるウィトゲンシュタインの哲学的な「生理」によって花開いた、みずみずしいヴァリエーションの一つだったように思われる。むろん、その背後には、何らかの「着地への意志」のようなものが感じられなくもない。ひょっとすると、長い変奏の旅を終えて、ウィトゲンシュタインは最後に『論考』の「沈黙」へと、静かに回帰してくのかもしれない。まるで〈ゴルトベルク変奏曲〉の結尾に、冒頭のアリアの主題が戻ってくるように。

しかし、私たちは、もう少し「言葉」の側に踏みとどまるべきだろう。

註

（1）『確実性の問題』は以下の三つの時期に書かれた草稿をアンスコムとウリクトが死後まとめて公刊したものである。一～六五節は、ウィトゲンシュタインは一九四九年のアメリカ滞在中にマルコムと行った議論に基づいてその年の暮にウィーンで書き始められたものと思われる。六六～一九二節および一九三～二九九節は一九五〇年にオクスフォードで書かれた。そして三〇〇節以降最後までが、一九五一年の春、死の二日前まで書き続けられた。これらは全く未推敲の手稿であり、繰り返しや矛盾と見られるコメントも多いが、それにもかかわらず、注意深く読めばそれぞれの時期において論調や思考のポイントが移動していることが分かる。また、これらの草稿はそのほかの最晩年の草稿と並行して書かれ、場合によっては同じノートを共有しているといった事情がある。以下にそれを示しておく。

MS172：『色について』第三部／『確実性』一～六五節（おそらく一九五〇年）

MS173：『色について』第三部／『最終草稿第二巻』第四部（一九五〇年三月二四日〜四月一二日）
MS174：『最終草稿第二巻』第五部／『確実性』六六〜一九二節（一九五〇）
MS175：『確実性』一九三〜一九五（一九五〇年、一九五一年三月一〇日〜三月二一日
MS176：『色について』第一部／『確実性』四二六〜六三七節／『最終草稿第二巻』第六部（一九五一年三月二一日〜四月二四日）

（2）「世界像」という語が実際に使用されているのは、九三〜九五、一六二、一六七、二三三、二六二の諸節においてだけである。

（3）ウィトゲンシュタインは同じようなことを「蝶番」（三四一節、三四三節）という概念で語っている。ただしそこでは「世界像」という表現は現れない。

（4）『最終草稿第二巻』は「他者の内的状態」と「外的振舞い」の関係についての懐疑論の問題を取り扱い、「振りをする」といったような欺きの言語についての考察が現れる。詳しくは本書第三章および第四章を見られたい。

（5）ここでの記述は大澤（一九九〇）に依拠している。

（6）共依存（co-dependency）とは食物、薬物、アルコール、ギャンブル、窃盗、性行動、買い物などさまざまな物質の摂取、あるいは行為のプロセスに依存する「嗜癖（addiction）」の背景にある「関係嗜癖」すなわち嗜癖的な人間関係を指す。引き起こされる嗜癖の様態はさまざまであるが、多くの場合それでは何らかの方法で、自身の身体感覚や身体像のリアリティを拒否するという共通項が見られる傾向にあるように思われる。しかしもちろん、それは単なる自己否定ではなく、そうした振る舞いを通じて他者の愛情をコントロールしようとするパラドキシカルなメッセージだと考えられている。詳しくは本書第一〇章、および斎藤（一九九七）などを参照。

言語ゲームからケアの哲学へ

第 II 部

第六章

ケアと他者経験

言語ゲームから〈語りの知〉へ

1　はじめに

他者をケアする、という営みは、私たちが人間としてこの現実を生きることを可能にしている、きわめて基底的な「生の形式」であるように思われる。しかしそれは、人間という生物の「自然誌的」（あるいは「本能的」）な行動様式に、単純に帰せられるべきものでもない。なぜなら人間にとって「ケアすること」は、いつでも「当たり前」というわけにはいかない、どこか「難しい」問題として、はじめて「意識」され、求められるものだからである。

しかしまた、ケアは「そうすべき」という「規範」の問題としてだけで、捉えうるものでもない。というのも、「ケア」という概念で呼ばれるべき行為が必要となるのは、実践の持つ規範性が機能不全に陥っていたり、あるいはその効力が未だ十分に届かないような場合だからである。言い換えれば、そこは私たちの生きている「規範」がその外部としての「他者」に触れる場所であり、ケアすることは、この正確な意味における「他者」と共に生きようとする身振りなのである。

ただし、一般に「ケア」であると看做されている諸活動においては、そうした「他者性」に向きあう態度が、「共感」「愛」といった仕方で「規範化」された「自然的感情」によって覆われ、見失われてしまう場合があるように思われる。本章では、ケアの概念にまつわるさまざまな実践の綾を解きほぐしつつ、その中に私たちが「他者と共に生きる現実」を肯定し、引き受けてゆくための「知」のかたちを探ってみたい。

2 言語ゲームとケアの地平

ケアについて論じようとするとき、必ず突き当たるのが、ケアの概念的定義の曖昧さ、という問題である。ことに日本語においては、適当な訳語が見つからないために「ケア」という言葉だけが一人歩きしている実情がある。ケアといえば「介護」や「看護」の代わりに用いられるという印象があるし、「心のケア」に象徴されるように、傷や病、障害を負った人を手当てし、世話することだと理解されている。もちろん、そこで含意されているものはケアの重要な一部を成していることに間違いはないのだが、しかしその一方で、私たちはケアの「本質的定義」つまりケアがケアたりうる条件への問いを忘却したまま、それを専門的で特殊な関係性の場面へと押し込めてしまってきたように思われるのである。

こうした事情はしかし、英語圏や他の西欧語世界においても、多かれ少なかれ存在してきたはずである。英語の用法でいえば、care はきわめて多面的な用法を持った日常語であるが、その中にあって「caring ケアすること」[1]として抽出された何ものかは、やはりある程度狭められたイメージを持って流通してきたはずなのである。だからこそ、メイヤロフ（Meyerloff, M.）のような人によって、ケアリングの本質が問い直される必要があったのではないだろうか。そこで論じられていたのは、決して専門的ではない、ごく日常の生の地平にあって、それを本質的に「人間的」なものにしているような関係性のかたちであり、またそれはケアという言葉以外の表現では巧く言い当てられないものだったのである。

メイヤロフによればケアすることとは「他者が成長すること、自己実現することをたすける」(Meyerloff, 1971：邦訳一三頁) 営みのことである。ここでメイヤロフは、ある程度狭められたケアリング理解、すなわち看護や福祉、あるいは教育といった専門的領域において行われているケアの実践を下支えしつつも、同時にそれを専門性から解放するような仕方の定義を行っているように見える。事実彼がつねに念頭においている例は「父親が子どもをケアする」(Meyerloff, 1971：邦訳一三頁) ことであるし、またケアの対象も決して「弱者」のみではない。彼のいうケアは、他者として出会われるような、あらゆる存在に及び、また他者と出会うことそのことにとって、本質的な役割を持つ関係性として捉えられているのである。彼がケアの要素として挙げる、信頼や勇気、正直や謙虚さといった事柄は、ほとんどそのまま、人間的コミュニケーションのための諸要素として読み替えることができるはずである。(2)

ところで実際にケアというものは、どのような仕方で人間的かかわりの中で機能しているのだろうか。ケアする、という事柄は、例えば「食べる」とか「湿布を貼る」といった行為と同じようには明確なものではないように思われるし、上述したようにそれを日本語の使用の中から引き出すのは無理だろう。ここでは英語の用法に注目しながら、ケアの働きを探り出してみたい。care の動詞的用法には、私たちが直感的に思い浮かべる「世話する」「配慮する」といった、対象への具体的な関与を含む意味の他に、二つのレベルの用法を見いだすことができる。一つは「意識する」レベル。もう一つは「欲求する」レベルである。前者は心配する、気にかけるといった具合に、対象に何らかの意識が向かっているが、具体的な関与よりは自身の心的状態が主題化されている場合である。後者は「好む」「〜したいと思う」といった仕方で実際の関与が志向されているが、行為のレベルでは成り立っていないような場合である。この両者に関して共通するのは、それらが否定や疑問、あるいは条件構文において用いられるのが通例であるという点である。

さて、これら三つのレベルを、それぞれ独立した行動や状態と考えたとき、そのそれぞれを私たちはすぐに「ケア」として了解するだろうか。例えば「ドアの方を見る」ことは、それだけではケアとは言いがたいだろう。しかし、そのドアから入ってくるはずの、待ち合わせ相手がいる状況があれば、それはケアの一部であるかもしれない。「本屋に行きたい」と思っていることは、それだけではたんに自分の欲求にすぎないが、人にプレゼントするためであれば、ケアであるかもしれない。さらに実際に相手に関与する行為であっても、例えば「薬を飲ませる」という場合に、病人の世話であればケアだが、ひょっとすると一服盛って……ということだってありうるのだ。このように、ケアとして見ることのできる行為や状態も、ただそれだけを見れば必ずしも「ケアしている」とは言い切れないものなのである。

ではそれらの行為や状態を「ケア」として認めさせるものは何か、といえば、当然のことながら、それが置かれた状況、文脈である。文脈に依存しない行為はない、といえばそれまでだが、ケアすることは例えば「食べる」「殴る」といった行為とは違って、対象への身体的、物理的関与において形成される事実とは明らかに異なっているという意味で、きわめて文脈依存度の高い概念なのである。従って「ケア」とはたんに「行為」の一類型としてではなく、むしろウィトゲンシュタインの言う「言語ゲーム」において、すなわち「ケアする」という言葉の使用を定めているような諸規則とその「家族的類似」の広がりのもとで、はじめて発見される営みのように思われる（『探究』第一部、六七節）。

しかし皮肉なことに、ケアを「言語ゲーム」として捉え、記述しようとすることは、この強い文脈依存性のゆえに、きわめて困難な作業にならざるをえない。というのも、何らかの行為を「ケア」たらしめている「規則性」を発見することが難しいからである。「介護する」とか「看護する」「診察する」などの行為には、それを同定することが可能になるような規則性、言い換えれば行為の同定のための基準を与えるような振る舞いと、その連なりが確かに存在する。しかし「ケアすること」にはそうした「基準」や「定型」を発見することが難しいのだ。

むろんメイヤロフは「相手の成長、自己実現を助ける」という「定義」を与えてはいるものの、それは具体的な振る舞いの形式について述べたものではない。ケアにおいては、どんな特定の振る舞いも、それだけによってケアたりうることを保証されたものだと勘違いされては困るのだ。

> 病的な依存関係を、低い順位ではあるがケアとして考えたり、また悪意ある操作的なやり方を、〝彼なりのケアのやりかた〟として片付けたり、あるいは過保護もケアの一種であるかのごとく考えて〝過保護にケアする、といったことは、誤りであると言わねばならない。これらはすべてケアの範囲外のものである。(Mayeroff, 1971：邦訳八八頁)(3)

それではメイヤロフにとっての、ケアの「範囲」とは何なのか。彼は以下のように述べる。

> もし相手が事実上成長していなければ、私は相手の要求に対応していないわけであり、従ってケアをしていることにはならないのである。(Mayeroff, 1971：邦訳九〇頁)

「事実上成長していること」が、ケアがケアである基準だ、そうメイヤロフは考えている。そしてそれゆえ、ケアは「つかの間の関係」ではなく、その成長変化のプロセスを見守り、導くような持続的な関係だとされるのである。ケアである行為と、そうでない行為は、いわば時間という緩やかな幅の中で、緩やかな仕方で区別を持つ、といえばよいだろうか。

だが、ここには当然のことながら「更なる問い」が待ち受けている。すなわち、ここで言われている「成長」とは、そもそもどのようにして測られるのか、という問いである。相手が事実成長した、ということの基準は何なのだろうか。当然のことながら、それはただ身体的、物理的な成長に限ったものではないし、精神的な意味での成長といっても、それを測る基準は一様ではない。自己実現ということも同様だが、そこでの基準は結局のところケアする側、ケアされる側、その両者、あるいは第三者の「誰か」が「そう思う」ことにしかない。その「思い」が一致することもあろうが、そうでないからケアではない、ともいえない。

いずれにしても、「成長」という観点を導入するとき、その判断は結局は内的、心的な事柄に委ねられる他はない。実際メイヤロフにとって、ケアはそうした内面的な仕方で価値を感じとるような人間存在の在り方そのものなのである。しかしそうであるがゆえに、ケアはいつでもそれが「思い込み」であったり「偽装」であったりする可能性を排除できないだろう。メイヤロフが言及しない、ケアのいわば「幻想性」への問いは、しかしケアにとっては決して付随的な問題ではない。事実私たちはさまざまな場面において、自分自身のケアが果たしてケアと言いうるものなのか、その保証を見失い、暗澹とした思いに駆られるのである。

だがそうであっても、私たちはケアすることを諦めてきたわけではなかった。相手の成長や自己実現を助けようと願う、その思いの支えとなる何らかのリアリティ、事実性がここには確かにあるようにも思える。「そこにケアがある」と私が感じるような現実の風景をたぐり寄せ、さしあたりそこから再出発をはかる必要があるだろう。

3　ケアの原初性

そこにケアがあると感じられるような現場を捉える、ということはなかなか難しいものである。というのも、私たちはケアをしているとき、あるいはケアされているときに、そこに「ケアリング」という営みや働きがあることを、必ずしも意識するわけではないからだ。むしろその意識は事後的に生じるものであり、「ケアについて語る」営みの中で、そこに「あった」と認められるような営みなのである。その意味でもケアはまさに「言語ゲーム」においてある。

そうであれば、語りの中に現れるケアのリアリティは、どこに錨を下ろしているのだろうか。看護という視点からケアの営みを見つめた西村ユミの記述に手がかりを求めてみよう。西村はある日街頭で遭遇した、癲癇発作の救護の経験を印象的に記している。一緒にいた同僚と共に駆け寄ると、倒れている女の子の周りではすでに別の医療関係者がおり、彼らと連携し視線を交わしつつ、応急処置を施してゆく。そして女の子の発作が収まったとき、女の子の周りに集まっていた「野次馬」の存在に気づく。その中には救急車を呼んだり、自分のストールを提供してくれる人もいた。彼らは決して「興味本位」ではなく「何か心配で、そのまま通り過ぎることができなかったのだろう」(西村、二〇〇七：二三四頁)と西村は記す。直接に「ケア」の手を差し伸べていた人以外にも、多くの人々が倒れている人を気遣い、その場に佇んでいたのである。西村はそこに人間の持つひとつの根源的な志向性を見て取ろうとする。

> 「人が倒れること」は、私たちにとって、気がかりでやり過ごせないことであり、とっさに手を差し伸べようとすることと対になって生じる出来事なのである。
> 私はこの出来事を通して、〈病い〉に出会った際のこのような志向性に、〈病むこと〉に対する私たちの姿勢が象徴されていると思うようになった。専門家であろうとなかろうと、同じ人間の苦悩である限り、〈病い〉は執拗に引き寄せ、押し戻し、その傍らに立ちすくませる。この志向性は、私たち人間が根源的に抱えている〈病むこと〉への態度であり、そして、ともに〈病い〉を形作ろうとすることの現れなのかもしれない。
> （西村、二〇〇七：二三五頁）

「病むこと」へ引き寄せられ、手を差し伸べることは、人間にとっての根源的な態度であり、人間にとって「病い」とはたんなる疾病、障害なのではなく、病み苦しむ人の存在と、それに手を差し伸べる人の存在の「対」が形成する出来事なのだと、ここでは考えられている。確かに私たちは、そうした経験の中で、ケアすることへの志向性をみずからの中に発見するだろう。だが、それはいったいどのような性質のものなのか。人間の本能的な欲求だろうか。それとも、社会的な規範がそうさせるのか。レヴィナスのように、そこに根源的な「倫理」を語るべきなのか[4]。

ウィトゲンシュタインは『心理学の哲学 第一巻』で次のように論じている。

> 自分だけでなく他人の痛みの箇所にも手当をし（pflegen）、治療をすること――従って、他人の痛みを表す振

舞いには注意を払うが、自分の痛みを表す振舞いには注意を払わないこと――これらが原初的（primitiv）な反応であるということをよく考えてみるのがこのさい有益であろう。（『心理』九一五節）

しかしここで「原初的」という言葉は何を言おうとしているのか。まず、そのような態度が前言語的であるということ、すなわちそれはある言語ゲームの基盤であり、ある思考法の原型なのであって、思考の結果得られたものではない、ということである（『心理』九一六節）。

我々が他人を介抱した（pflegten）のは、自分自身の場合からの類推によって、彼もまた痛みを体験していると信じていたからである――このような説明について人は「本末転倒だ」と言うことができる。――「われわれの振る舞いのこの特殊な一章から――すなわちこの言語ゲームから――「類推」や「信じる」という言葉がそこでいかなる機能を果たしているかを学べ」と言う代わりに。（『心理』九一七節）

痛みに苦しむ他者に手を差し伸べることは、人間にとってきわめて自然な、原初的な反応であるとウィトゲンシュタインは考える。すなわちそれは私たちがいつしか身につけるようになった「生の形式」であって、他者の表情から痛みの表現を読み取って、その意味を自分の苦痛の想像から類推したり構成したりする過程が、そこにあるわけではない。そこで私は選択するわけではないのだ。ケアの営みは私たちの自然な活動の流れの中にあり、それゆえにケアとして意識されるのは時として事後においてなのである。

西村がいうような〈病い〉とは、まさにこうした人間の行動様式において立ち現れる「言語ゲーム」

でもある。だがそうであるがゆえに、これは「原初的」ではあれ「根源的」ではないといっておかねばならない。ケアすることは、人間だれしも本能的に備えている能力、というわけではない。むろんそれを形成する要素として、他者に向かうエロス的な欲求がないわけではないが、それだけで、人がケアすることができるのであれば、首を傾げたくなるような暴力が話題にのぼることもないだろうし、電車では席をゆずれなどというマナー論議が喧しく繰り広げられることもなかろう。問題は、人間においてはおそらくこうした「本能的欲求」が「根源性」を失っていることに由来するのであって、太古よりそれを「規範」によって補ってきたのが人間の社会なのである。

だが、より重要なポイントは、その規範がどのように個人において生成するのか、という点にある。というのも、私たちは「ケアすること」を例えば算数の九九を学ぶように、道徳の授業のような仕方で「教えられてきた」かといえば、そうとはいえないからである。確かに学校では「思いやりの心を大切に」などという標語がそこここに貼られており、校長先生がそういう話をする、という風景が当たり前のごとく見られる。しかし実際に私たちがそういう標語を見たり、先生の訓話を聴くだけで「そうか、なるほど、思いやりが大切なのだな」などと感じて人を「思いやる」ようになるのかといえば、どうだろうか。ボランティアや介護の「体験」を半ば強制的に課せられたからといって、そこで私たちが「規則を学ぶ」ように「ケアする人間」に変化するわけではないように思われるのである。

ウィトゲンシュタインは『哲学探究』において「言語ゲーム」を「言語習得」や「単純な命令の言語」をモデルとして考察し、その規範性を「盲目な服従」において捉えようとした(5)。確かに、言語規則に従うことを可能にするのは、規則を解釈することではなくて、ただその「命令」に従うことだけだからだ。私たちの言語活動の多くが、そのようにして習得された言語規則の「反復」によって成り立っていることは確実である。だが、全ての「言語ゲーム」がそのようにして成立しているのか、といえば、そこには留保をつけざるをえない部分があるように思われる。その一例が「ケアする」ことだとはいえないだろうか。

4　ケアされたことの根源性

呻き苦しんで倒れている人に、思わず手を差し伸べ助けようとすること。確かにそれは「ケア」という概念の核心に位置する身振りであるだろう。しかし、私たちが「ケアについて語る」のは、同時に「手を出せない」「手が届かない」という体験があり、またその手を他者に拒まれる、という体験が存在するからでもある。臨床社会学者の野口裕二は「ケアすること」が一体何をすることなのか、その摑みがたさを指摘している。

> 自分は何かをしてあげたと思っても、相手はそう思っていないかもしれないし、ありがた迷惑だと思っているかもしれない。つまり、与えたという思いと受け取ったという思いが一致しているかどうかがはっきりしない。（野口、二〇〇二：一八九頁）

実際、人から見れば十分に親切に相手を手当し世話していたとしても、それが本当によかったのか、十分であったのか、自己満足に過ぎないのではないか、などと考え出せば、そこに答えは見つからない、そういうものである。だがそうならば、ケアという営みには何の確実性も、その基準も見いだされないのだろうか。そうとは言えないように思われる。野口は次のように続ける。

しかし、一方で、「たしかにケアされた」と思える瞬間がある。思わず相手に感謝したくなるような瞬間がある。(野口、二〇〇二：一八九頁)

「ケアされる」という受動的出来事は、言葉の上では「ケアする」という主体的行為の帰結として、ケアのゲームに属しているかのように見える。しかしここで野口が正確に書いているように、重要なのは「ケアされた」という過去形で語られる「経験」である。それはたんに相手との接触において与えられる個別の知覚内容の集合としての「体験」ではなく、それらを超えた仕方、すなわちより広い「生の文脈」の中に受け取られて、既成の意味秩序を刷新するような出来事なのである。(6) 従ってその接触の時点で、相手にケアの意図があるとは限らないし、またそのときすぐに「ケアされた」と感じなくともよい。「そういえばあのとき」という仕方で気づかれるケアがある。

「ケアされた」という経験の重要な特徴は、そこに必ず「他者の発見」がある、ということだ。むろん「ケアする」ことにおいても、私は「他者」と出会う。しかし私が相手をケアしようとするとき、相手はすでに何らかの「ケアの必要な存在」として了解され、何らかの具体的な対処法としての「ケアリング」を受けるべき存在として受け取られている。親にとっての子、セラピストに対するクライエント、といったように、そこでの「他者」はまずもって「未知」の可能性としてではなく、ある程度の「既知」の枠組みの中において見られた「規範的」存在として受け止められざるをえない。むろんこれは悪いことでもなんでもなく、そうした枠組みの中に互いが入らなければ、そもそも他者に「出会う」ことすら不可能だろう。しかしそれはつねにその他者が「私の理解」を超え出る「未知」の可能性を孕んでいることを見失う危険と裏腹である。

これに対して「ケアされた」と気づくことは、まさに他者が既知の枠組みを「超越」して現れることにほかならない。この現れは決してたんに「親」「医者」「教師」といった規範的な行為主体や、そこへと帰属される行為の記述によっては捉えられない性格を持つ。ケアされたと感じるとき、私は自分の存在が受け止められ、肯定されたと感じるが、そのいわば「ケアの力」は、ケアしてくれた人の存在を際立たせるのではなく、むしろケアされた私の側に、ある言葉にしがたい「あたたかさ」のようなものを呼び起こす。それは私の存在が何か自分を超えたものに包摂され、位置づけられる感覚であり、その感覚の背後には「誰か」が佇んでいるのである。

この気づきによって出会われる他者との関係性は二人称的なもの、すなわち客観的な対象関係を超えて、ひとつの場に包摂されるような関係性である。しかしそこでの他者はブーバーがいうような「われ」と対等に呼びかけあう「なんじ」ではなく、呼びかけに先立ってケアを差し出す「なんじ」であり、むしろレヴィナスのいう〈顔〉のように、当人の意図の有無に関係なく私に何かを与え、かかわりへと導き入れる他者の現前であると言うべきであろう。(7) ただし、ケアされたという気づきにおける他者の現れは、決して〈顔〉のように「なんじ殺すなかれ」という仕方で私を倫理的応答へと急き立てる「顕現」ではない。むしろそれは私に「君死にたまふことなかれ」という「祈り」として差し出された〈手〉であり、私がいまだそれをケアと感じないうちから、すでに私に触れていたような、他者の存在そのものからの「握手」なのである。(8)

このような「他者との出会い」こそが、私たちに「ケアすること」の与える力を実感させる。その意味でここには「ケアの根源性」の証があるといえる。しかしこの根源性への気づきは、誰かによってケアが与えられれば、それで成立するというものではない。「ケアする」ことと「ケアされた」ことのあいだにはいつでも幾ばくかの「時差」がある。ケアとは時間の中ではじめて実りをもたらすプロセスだからである。以下ではその構図について述べておきたい。

5 喪失と「受け取り直し」

〈手〉の経験は、〈顔〉としての他者に出会うよりもずっと古層の記憶に根をおろし、それと気づかれないうちに私たちを他者との関係世界へと招き入れている。しかし同時にそれは日常の他者との「互酬的」なかかわりにおいては背景へと退いている。一見ケアと見えるような行為をしていても、その多くはいわば「ケアすること」の自覚ぬきに、いわば盲目的に反復される行動に過ぎないともいえる。

ただし、それは単純に機械的な反復＝模倣というわけではない。子どもが年長者の模倣をするとき、そこには年長者が「理想的な他者」として存在する。子どもはそうした他者と同一化する欲求に従って、他者の行為を反復するのである。そしてその行為は、年長者の評価を得ることを通じて、いわばさらに欲求され、遂行されてゆくだろう。つまり、私たちが互酬的な関係世界において何らかの行為を遂行するということの背後には、なんらかの仕方で「欲求」が働いているのであり、それはおそらくフロイトが述べたところの「エロス」すなわち、他者と一致したいという欲求の反映なのであろう(9)。そうした観点からみると、一般にケアにかかわると見なされるような行為は、他者との関係性を密接にするための有効な手段でもあるのだ。

だが、その「反復のエロス」はケアの自覚を未だ持たない。そこでは「自分はケアしているのだ」という自負はあるかもしれないが、「互酬性」という論理、すなわち相手に受け入れられたいという思いに遮られて、相手自身にとって何が必要なのかを見定める視座を手に入れることができない。

別の観点から見ると、この状況において人はいまだ「ケアされた」という自覚を持てていない。「ケアしてほしい」という欲求はあっても、ケアされることの重み＝有り難さを感じ取ってはいないのである。そしておそらく、この「ケアされた」という自覚が得られることを通じて初めて、私たちはそれをみずからの他者に対するケアリングのポリシーへと「受け取り直す」ことができるように思われる。

この「受け取り直し(Wieder-holung)」は(まさにキルケゴール的な意味において!)単純に反復する(wieder-holen)ことではない[10]。それは上述の「出会い」とはまた違った意味での「他者経験」によって「与えられる」。それは、みずからがケアの〈手〉たらんと欲して向きあった他者がその手から逃れ去り、見失われる経験である。それはただケアの結果が見通せない、といった不透明性ではなく、明らかな「挫折」であり「断絶」と見えるもののことである。ケアのすれ違い、拒絶、あるいは全くの無反応、そして別れや死における相手の喪失。私たちはケアすることの「幻想性」に「幻滅」という仕方で晒されるのである。だが、それが「現実」の他者に出会うということである。「理想」や「規範」において見られた他者は、決して生身の他者ではない。生身の他者とはまずもって私に非ざるものであり、やがては去りゆくものである。そのことが他者を喪失すること＝「別れる」ことで「分かる」。

しかしながら、同時に、他者は「去っていない」のでもある。このことこそ、〈顔〉としての他者の、もっとも深いところに位置する意味であろう。逃れ去る、という仕方で理解を超越する〈他者〉は、しかし去ってゆくことにおいて始めて、十全な意味で現れるのである。つまり「他者として」現れる。重要なことは、それはまたしても「与える」他者なのだ、ということである。失われた他者は、そこに存在している時のようには、何も手を差し伸べず、与えもしない。目の前に存在するだけで私から「気遣い」を奪うこともない。しかし、にもかかわらず、私は〈他者〉へ思いを馳せ、そしてそのことが私に何かを与える。もはや何ものをも奪うことのない〈他者〉は、それゆえにもはや互酬性の空間から解き放たれて、純粋に与えるものとなる。そして、この「与えられる」感覚は「ケアされた」という感覚に重なるものである。

ケアという「言語ゲーム」を通じて私はこのような、他者の存在のいわば「無償性」に気づく。それは何の見返りも求めない贈与として、私に差し出されていたのであるが、私たちが日常で「顔をあわせて」いる間は、他者は期せずして私から気遣いを「奪う」もので有り続けていたのである。そして、このことへの「気づき」によってこそ、私はみずからの「ケア」の可能性を、根本的に「受け取り直す」ことができるのではないか。

それは「言語ゲーム」として生きられてきた「ケア」の「幻想性」という懸念を、いわばそのまま承認することである。言語ゲームという観点においては、ケアという出来事がどうしても、ある行為主体に帰属せられる営みとして記述されてしまう。ケアするものが、ケアされるものに何かを手渡すような関係性のモデルが作り上げられてしまう。でもそれは違う。私はケアされるものであるが、しかしみずから意図してケアを相手に完全に届けることはできないのである。「ケアするもの」とは何か、といえば、それは私が存在することを通じて、それを〈手〉として生かす、何か主体の行為を超えた力のようなものなのである。そこで私はケアのいわば媒体に過ぎない。

しかし、それがなければケアが実現しないことも確かである。ここでその媒体=手であることを選択するとき、ようやくそこにケアの自覚的な受け取り直しが果たされる。それは具体的には、「自力」によって相手を変えようと思うことをやめる、ということであり、相手の存在に触れながら、その疼きを聴き取らんとする〈手〉であろうとすることである。そして、そこからは新たな「ケアの風景」が開かれるように思う。それは単純に「言語ゲーム」という観点からは、もはや見渡すことのできない眺めであろう。次節ではそれを見渡しつつ引き受けてゆくための「方法的知」について素描し、本章のまとめとしたい。

6 〈語りの知〉へ

ケアを成立させる「力」が主体の行為を超えた「何か」であるというとき、それを「かかわりそのもの」とか「場」といった概念で説明することもできるだろう[11]。またそれを、自己を自己ならざるものと一つのものとして包括し、個体の生命原理を超えた仕方で「生かす」力だと捉えれば、そこには「霊性」の次元が開かれよう。しかしそれをいかに理解するかは、それを「どのように語るか」に依存している。そしてそのそれぞれの「語り」の正当性はもはや、その語りの中で生きる私たち自身が感じる生の意義深さへと委ねられてしまうだろう。ポイントはどれくらいそれを「情熱的に引き受ける」(『断章』邦訳一七九頁) ことができるか、という点にしかない。

ただしここで言っておかねばならないのは、何らかそのような物語を背景にすることなしには、生の意義深さも情熱も与えられはしないだろう、ということだ。そもそも私たちは「物語」なしにはいかなる「現実」にも触れられないのである。これまでの議論ではそれを「言語ゲーム」と呼んできた。物語もある意味では「言語ゲーム」の一つであろう。ただし、ここではその包摂関係を逆転させてみたいと考えている。ウィトゲンシュタインが「言語ゲーム」という視点を導入したその「こころ」は「規則遵守の盲目性」を浮き彫りにすることにあった。私たちの行為の規則がゲームの規則のように恣意的なものであったとしても、それゆえに行為そのものも「幻想」として主題化されることはない。なぜなら私たちは規則の根拠を問いただすことなく、規則に盲目に従っているのだから。私たちの生活を支えているのは無数のそうした営みなのである。しかし「ケア」のゲームにおいてはそのような「幻想」がケアの挫折を通じて晒されてしまう。このとき私たちに迫られる選択は、ケアを諦めるか、またはこの挫折自体を忘却あるいは隠蔽し、再びケアのゲームを反復するか、あるいはその「幻想」を「虚構」として自覚的に引き受けるか、のいずれかであるだろう。そして、前節で「受け取り直し」と述べたものは、いわばこの三番目に対応する「決断」であると考えたい。つまり「ケアを受け取り直すこと」は、ケアの幻想性を「虚構」として敢えて引き受けることであり、それはいわば「物語を生きる」ことなのである。

精神科医の小澤勲は、認知症の患者達の生きる世界を内側から描き出そうと試みつつ、かれらに必要なケアは「失敗してもとがめられない場を用意する」（小澤、二〇〇五：一九三頁）ことだと指摘している。彼らの暮らしの不自由は「単なるもの忘れをはるかに越えて広く深い」（小澤、二〇〇五：一九三頁）のであり、さらにはその不自由と「格闘し、あがき、取り繕い、あきらめ、不自由などないふりをするなどして、ひどく無理な生活を続けている」（小澤、二〇〇五：一九三頁）のだという。それゆえ、それをたんに「症状」として治療したり緩和したり、あるいは矯正しようとするのではなく、むしろ彼らの苦しみを聞き取り寄り添って、その世界を共に歩む必要があるのだ。しかし、と小澤は言う。

しかし、それは「虚構の世界」である。なんと言ってもこの世は、できる人、金を稼げる人、常識や規範に沿って生きている人だけが尊重される世界である。だから「虚構の世界」はいつも宙づりになっていて、現実に足を引っ張られがちであり、ケアの現場も在宅介護者も、現実の世界と虚構の世界とに引き裂かれてしまうのである。（小澤、二〇〇五：一九三頁）

「現実の世界」というものが、それ自身ひとつの虚構だと抗弁することもできようが、しかしそれはいわば「制度＝規範」という虚構であり、全ての物語をそこへと服従させようとする物語である。それに対して、ケアという「虚構」はそこに生きる人ひとりひとりの固有の物語を受け入れて語らしめる場であるといえるだろう。前者の引力は余りに強い。ケアには、それに敢えて逆らい、個人の生に寄り添う「物語」を聴き取ってゆく責務がある。

そのために、ケアする者も、現実＝規範を生きる自己を「虚構」の世界にあずけなくてはならないだろう。そのための技法は何か。ここで注目したいのが、まさに「物語」のもつケアの力である。ケアにおいて「物語＝ナラティヴ」の重要性がしばしば指摘されるところであるが、その理由は、私たちの出会う「臨床」の場面が、決して記述、観察言語では捉えられない「背景」の複雑な交錯によって成り立っているからであり、そうした背景を捉えるために必要なものが、当事者によって語られる物語であるからだ。

しかし、その物語は決して「全て」を語っているわけではないし、さまざまな視点によって語り直される可能性を持っている。ケアする者は相手の語りを受け入れながら、そこに揺さぶりをかけ、新たな物語がそこに拓かれることを助けるのである。このとき、ケアする側のスタンスは一般的なケアの手法と大きく異なるものとして現れる。すなわち何か専門的な知識と技術に基づいて相手を解釈して方向づけつつ対処する、ということではなく、むしろ専門性に頼らずに相手の語りを受けとめることが求められるのである。[12]

しかし、それだけでは、これもまた一つの「専門性」を持った規範的方法論、ということになってしまうようにも見える。考えなくてはならないのは、このようなアプローチを可能にする「ケアの場」を作り出すことである。そしてそれは、病気や問題といった主題についての語りを「共有」する技法にとどまらない、私たちが「人間」として共にあることのために必要な態度なのではないだろうか。そのための一歩もまた、「語り」にあると私は考えている。ただしそれは、ナラティヴ・アプローチで言われるような「語り」とは少し異なる。

普通「語り」といって私たちが思い浮かべるのは「自己を語る語り」であろう。もちろんその中には自分のうちにある何かを語り出す語りもあれば、語ることによって自己が発見され、作られる、という仕方の語りもある。しかしそれらはどちらも「自己表現」だと理解されるだろう。さまざまなケアにおいて、こうした語りはとても重要である。

だが、語りにはもう一つの語りがある。それは「演ずること」としての語りである。語り部と言われる人たちは、決して語ることにおいて自己を表現しているのでもなければ、それを通じて自己を発見しているわけでもない。それはただ物語の中で言葉を差し出す〈手〉となっているだけの営みなのである。そしてこれは時として「自己表現」と誤解されがちな「芸術表現」の営みの本質でもあるように思われる。心の中にある感情や意味を身体動作や記号として表出することこそ表現だ、と私たちは考えがちだ。しかしそのような見方をすると理解できない芸術作品は山のように存在する。例えば谷川俊太郎は次のように述べている。

「はなのののはな　はなのななあに／なずななのはな　なもないのばな」
という詩句に、幼稚園の先生から「気持ちを表現していないので、教えられない」と苦情を言われたことがあります。ぼくは、美しい日本語を、そこに、一個の物のように存在させることを目指しているんですけど。
（朝日新聞、二〇〇九年一一月二五日）

この詩を読む時、私たちはその言葉の存在を介して、世界と戯れる。そこに言葉が花のように置かれているだけで、世界はささやかに刷新される。だが、それはたとえ感情の吐露であろうとなかろうと、特定の意味を押しつけるように置かれてはならない。その言葉に出会ったものにとっての意味づけの可能性を共有しうるように、言葉を差し向けること。そこで出会うものの存在をも、ひとつの「表現」として呼び覚まし、受け止めるような態度が必要である。〈手〉である、ということの内には、語りかけることが同時に聴くことであるような「可逆的」な存在様式が含まれている(13)。手を握る時、それは相手にみずからの存在を告げることであると同時に、相手の存在を受け止め、その温度を確かめる仕草になっている。手を握られたものは不意に触れてきた手に気づくことのうちに、自分も相手へと触れるものとなる。

このとき、触れるものと触れられるものは決して一方が他方に包摂されるような仕方で絡みあうのでもなければ、互いに共通の存在者へと主客を超えて変容するのでもない。触れる者は相手の生きる世界に耳を傾け、その物語に足をおろすが、それは決して相手の語りに取り込まれ、その内に生きる「共感」

に終わってはならないのである。認知症の患者の言葉を字義通りに受け取って共感しようとすれば、こちらが現実を見失い、ケアは迷路に入り込んでしまう。しかし、そこから距離を置いて語りを客観視し、分析しようとすれば、そこでもケアのかかわりは生まれない。それゆえ、いわば「虚構」と知りつつ、本気でその虚構に身を置くこと、嘘をつくことではなく、その虚構で戯れることが重要である。拒否の身振りに対しても、拒否を受け止めることによって、他者の世界の一部となること。それは「ケア」という実践を引き受けつつも、同時にその可能性や限界を感受し見定める「知」でもあるはずだ。

むろん、あくまでそれは「虚構」である。私たちはそれを「情熱的に引き受ける」しかない。それだけがこの現実を他者と共有するための「道」なのである。再び小澤勲の言葉を引いて論をとじたい。

もし、この世が、その片隅にであっても、世の価値観から離脱した「虚構の世界」をそっと認容できるようになれば、認知症を病む人たちも、彼らとともに生きている人たちも、もっと心安らかに生きていけるはずである。それは認知症をかかえる人たちを、生まれ、育ち、暮らし、老い、病を得て、生命の限りを迎える自然な流れに置くことのできる社会であろう。それはすべての人に安定と豊かさをもたらしてくれるに違いない。

私たちは、まだまだ小さな点に過ぎないだろうが、豊かな「虚構の世界」をあちこちにつくりだし、それがいずれはこの社会のかたくなな枠組みを変えるに違いないと楽観的に信じるしかない。私たちがやれることは絶望的なまでに小さい。しかし、そこからしか希望は生まれないのだ。（小澤、二〇〇五：一九四頁）

註

(1) 以下において「caring」に対応する日本語としては「ケアすること」と「ケアリング」を場合に応じて使い分けることとするが、両者の意味は基本的に同じである。

(2) メイヤロフのケア論はケアリングをフェミニズム的な観点から分析する八〇年代以降の「ケアの倫理」の流れとは異なり、あくまでケアを「人間的経験」の本質にかかわる活動として捉えようとする。その姿勢自体は批判されるべきものではないと思われるが、他方でメイヤロフがケアの基底的な姿勢として強調する「専心(devotion: 献身)」が、社会的に弱い立場、とくに女性に強要されやすいという点を顧慮すれば、彼のスタンスはいささかナイーブなものだと言わざるを得ない。ことに乳幼児や高齢者、障害者などで、ケアに絶対的に依存しなくてはならない相手をケアする「依存労働」のほとんどが女性に担われてきたことを考えると、メイヤロフの好んで例にだす「子どもをケアする父親」を「イクメン」の手本として手放しに賞賛するわけにもいかないだろう。詳しくはKittay(1999)を参照。

(3) 一部邦訳に手を加えた。

(4) Lévinas(1961)第三部Bなどを参照。

(5) 『探究』二一九節などを参照。

(6) このような「体験」と「経験」の区別に関しては森有正(一九七六)の区別を参考にしたいが、反対にBuber(1921)のように、経験(Erfahren)を表面的で浅薄なものと捉え、体験(Erlebnis)に重きをおく主張もある(Buber, 1921:邦訳一〇頁を参照)。

(7) Levinas(1987)所収の「ブーバーについて」を参照。

(8) 本章での〈手〉という概念は、さしあたってレヴィナスの〈顔〉の倫理における他者理解を補完するような概念として意識され、使用されているが、その含意を十分に位置づけるためには、更なる現象学的分析とともに、文化的、解釈学的地平における探究が必須であろう。今後の研究課題としたい。
(9) Freud(1905/1920)参照。
(10) Kierkegaard(1843)参照。
(11) この感覚をメイヤロフは「場の中にいる(In-Place)」という表現で捉えようとしている。Mayeroff(1971:邦訳一一五頁以下)を参照。
(12) 野口、二〇〇二:参照。
(13) Merleau-Ponty(1964:邦訳一九六頁)などを参照。ただしこの「可逆性」はメルロ=ポンティが語るような「肉」の存在論的地平、すなわち自己と他者が相互浸透し「共-生」するような場所の「原初性」を指し示すものであるよりは、むしろ私が他者と距離をもって対峙しつつ、そのあいだに共有される「根源=希望」としての「ことば」の存在論的地平をひらくものだ、と考えたい。

第七章 沈黙をともに聴く

グリーフケアと言葉の哲学

1 はじめに

「グリーフケア」という概念を定義しなくてはならないとすれば、それは「悲嘆のさなかにある〈ひと〉を支える営み」（高木、二〇一二：序章）ということに尽きるように思われる。無論それがどのような出来事によって引き起こされた悲嘆であるか、あるいはその悲嘆（苦悩）がどのように生きられ、表現されているか（いないか）といった具体的状況はさまざまであるだろうし、どのような仕方でその人を支えるのか、といった方法論についての議論が必要になる。しかし、そのケアがその何らか悲嘆の状態にある〈そのひと〉に向けられるものであることは、疑う必要のないことのように思われる。

だが、グリーフケアの主要な課題が「大切な他者との死別」による悲嘆にかかわるケアであることを考えるならば、冒頭に述べた前提は、いくらかの修正を必要とするのではないだろうか。すなわちここには「セラピストとクライエント」といった単純な二項関係に回収されえない第三者としての〈死者〉の存在が介入しているのである。その観点から見直すならば、ここでケアの対象となる〈ひと〉は、「ケアされる人」であると同時に、死者に対して本質的な意味で「ケアしようとする人」でもあるのだ。

それゆえ、グリーフケアとは単純に誰かをケアする営みなのではなく、ケアする人をケアする、という「内包性」をその本質とするような、ケアの形態であると言えるだろう。もちろん、ケアする人へのケア、という構造自体は、私たちの日常のさまざまな場面で展開されるケア的な営みの中に、しばしば見出されるものである。ケアワーカーのバーンアウトを防止するためのピアサポートの必要性はしばしば言及されることであるし、震災支援で被災地に入った人たちに対する事前、事後のケアも重要である。ただ、グリーフケアにおけるケアの内包性は、ケア一般に開かれた入れ子的な構造とは、明確に異なる性格を有している。

その違いとは、内包されるケアの対象である他者が「失われた」存在であるというところにある。悲嘆者がケアする相手は「もう存在しない」という仕方において「存在する」相手なのである。この特殊性こそが、グリーフケアを他の日常の数々のケアリングから際立たせ、またそこに困難を呼び起こす源であるのは、言うまでもないことだろう。

以下本章では、このグリーフケアの「特殊性」に焦点をあてつつ、そこに成り立つケアがいかなる要素によって可能となるのかを、哲学的、人間論的に分析することを試みる。その際注目したいのは、ケアと「言葉」の深い相関性である。臨床的なケアの方法論においても「語り」「ナラティヴ」が注目されてきたことは周知の事実であるが、ここでの議論の力点は、それらを臨床的場面における方法概念として取り扱うことにではなく、むしろその限界を補い、より日常的な生の地平において働く「言葉」の治癒力の問題として再発見することに置かれている。

2　ケア、この「苦悩」に向きあうかたち

グリーフケア、あるいはスピリチュアルケア、などのように「ケア」という語が使われる場合、多くの人はそれを何となく心理臨床や宗教といった分野の「専門家」によって行われる治療行為のようなイメージを思い浮かべてしまうのではないだろうか。確かに「ケア」という概念は狭義では医療や福祉にかかわる専門職に用いられることが多く、何らかの意味で「依存的な存在」を援助する社会的行為と捉えることができる[1]。

しかし、そもそも英語における「care」の用法は元来そうした「専門性」との結びつきをそれほど強く持たず、反対にきわめて日常的な、人間の他者あるいは世界に関係するさまざまな仕方へと階層的に広がってゆくような多義性を持っている。それはたんに誰かを「世話する」という行為のレベルだけでなく、たんに注意を向ける認知のレベル、相手に何かを望む欲求のレベルを孕むのである。すなわち元来ケアとは人間が世界の中に生きる基本的な態度の濃淡を反映する概念であり、その一部として「狭義のケア」すなわち何らかの専門的技能、知識をもって相手に治療的にかかわるような行為が位置づけられる、とも考えられるのである[2]。

ケアについて考えるときに、私たちは狭義のケアにとともに、この「広義のケア」を重ね描くような複眼的思考を失ってはならない。というのも、ケアという営みを本質的に特徴づけるものは、決してその専門的な技術や知識にあるのではなく、むしろその背景にある日常世界と共有されているような、相手との関係性の構造に含まれているからである。

その構造を一言でいえば「対話性」ということになるだろう。専門的な技術によって相手とかかわる場合、そのかかわりはどうしても一方的、垂直的なものになる。技術や知識の視点からすれば、相手はあくまでもその実現の素材、道具という側面を持つのである。しかし、ケアはそのような道具的操作によっては単純に解決できない、複雑な問題に向き合おうとするかかわりである。ケアの対象は、その現れの背後に「未知」を宿しており、かかわりの過程で変化し、新たな問題を投げかける。そうした問題のプロセスを受け止め、支えながらともに歩むことが求められる。

このようなケアの「対象」を私たちは〈ひと〉と呼ぶ。それは私に問いかけ、あるいは答えを与える「意味の源泉」であり、それゆえにひとつの世界がひらかれる原点である。メイヤロフはケアすることを「相手が成長すること、自己実現することを助ける」(Mayeroff, 1971：邦訳一三頁)営みだと定義しているが、〈ひと〉とはまさに、何らかの意味での成長や自己実現が「隠されている」可能性として、未知を孕んで現れる「他者」のことなのである。それは「患者」「クライエント」「生徒」「利用者」「当事者」といった仕方で「定義」され記述されるキャラクターとしての他者を超え出て、何かを呼びかけてくる相手なのである。

ケアとは、専門的視点において見失われがちな〈ひと〉とのかかわりそのものをいつも目的として再発見してゆく姿勢である。だが、そもそもなぜケアでなければならないのか、という問いは残っている。つまり専門的、技術的な視点で相手を「援助する」ことにも一定の成果がある。それを必要に応じて提供していけば良いというだけの話ではないのだろうか。

この問いに対する答えも、また〈ひと〉という存在のかたちから与えられる。人間は「一人では生きてゆけない」弱さを宿命づけられた存在であるが、そこにはたんなる身体的な脆弱性だけではない、もうひとつの弱さが併存している。それは、みずからを「弱いもの」として「意識する」ことの弱さ、つまり苦悩という感受性の創りだす脆弱性である。身体的な脆弱性は、みずからが危機にさらされるその都度に「苦痛」を生み出し、それが持続するものであるかは、原因となる事象が持続しているかに依存する。しかし「苦悩」はそうではない。みずからの弱さへの意識は、身体に痛みを与える事象が「不在」であってもなお、消えない苦しみであり続ける。

神谷美恵子（一九一四－一九七九）は苦痛と苦悩の関係を論じて、「無痛禍」と題されたハンセン病患者の文章を引用している。病気によって身体表面の末梢神経がおかされるために、体にたとえ釘が刺さっていても痛みを感じないということが起きる。「〈痛い〉ということは生を意味し、〈痛くない〉ということは死を意味する」（神谷、一九七四：一六四頁）。すなわち、ここでは苦痛の「不在」こそが「苦悩」なのである。

こうした例は極端と思われるかもしれないが、人間における「苦悩」の多くは、実のところ何かが「ある」ということよりも「ない」ということにかかわるものである。実際に苦痛を感じている人であっても、それに「悩まされている」人は、例えばこれまで送ってきた「穏やかな生活」を「なくして」いる。あるいは未来への希望を「なくして」いる。つまりそれはただ「ない」というよりは「あったもの」を「喪失」したことによる苦悩なのだ、ということができるのである。

それゆえ、苦悩というこの「弱さ」は、現在の自分だけではなく、過去や未来の自分とのかかわりにおいて、はじめて意識されるのであり、この苦しみを癒すためには、ただ身体的＝現在的な対象としてのみではなく、そこに同時に過去と未来を孕み、そのはざまに苦悩する〈ひと〉として、受け止められ、支えられなくてはならないのである。ここに必要なかかわりが、上述した「ケア」であることはいうまでもないことだろう。

さて、ここで明らかなように、ケアを必要とする〈ひと〉の「苦悩」には必ず何らかの意味での「喪失」がかかわっている。もちろん、あらゆるケアの対象が、必ず苦悩を自覚しつつ苦しんでいるのかといえば、そうではないだろう。乳児や重い障害を持つ人、植物状態の人には、そうした「自覚」はないのかもしれない。しかし、私たちはそういう人の苦悩を「喪失の物語」において思い描くことができるだろう。乳児にとっては、かつて穏やかに守られ、育まれていた胎内という場所を奪われたこと(3)、昏睡状態にある人には、まさに「意識」という世界を失ったこと、そうした物語のうちで他者に向きあうとき、私たちは「ケア」の姿勢を生き、またそのことによってはじめて〈ひと〉に出会うのである。

そうだとすれば、ケアとはいつでも「グリーフケア」を内包しているのかもしれない。喪失に向き合い、それを受け入れようとするとき、そこには悲しみが生まれるのだから。それゆえグリーフケアを問うことは、いわばケアの本質に触れることでもある。

3　グリーフケアの本質

〈ひと〉の死という出来事は、私たちが世界の中で出会うさまざまな出来事の一つであるにもかかわらず、その他の出来事と同様には捉えがたいものである。ウィトゲンシュタインは「死は人生の出来事ではなく、ひとは死を経験することはできない」(『論考』六・四三一一)と書いているが、それは決して同年生まれのハイデガー(Heidegger, Martin. 1889-1976)が述べた「追い越し不可能性」(Heidegger, 1927：五二節)と同じような、一人称的な視点での経験不可能性だけではなく、また二人称の死についても妥当する言葉のように思われる。一九一八年、二九歳の年に書き上げられた『論理哲学論考』の献辞には、その年に飛行機事故で亡くなった親友（D・H・ピンセント）の名が刻まれているが、(4) それ以前にも彼は二人の兄を自殺で亡くし、さらには実業界の大物であった厳格な父を失い、大きな衝撃を受けて来たのである。それら他者の死について彼はことさらに主題化しようとはしなかったが、その沈黙はそれが「語りえない」ほどに重い出来事であったがゆえのことではなかっただろうか。

むろん、ある生物が存在し、その生命活動を終えることは、自然の中での自明な事実であって、決して『論理哲学論考』のいう「語りえないことがら」ではないだろう。(5) しかし、他者の死について、それを自然の過程として説明したところで、私たちはそこに生じた世界の「変様」を理解することができるだろうか。昨日まで「いた」ものが「存在しない」と「言わなければならない」ことに、私たちは戸惑い立ちすくむのである。

グリーフケアという「ケア」は、他者の「不在」をめぐるこうした「苦悩」の中にある〈ひと〉に寄り添ってゆく営みである。注意しなくてはならないのは、一般にグリーフケアの向かう「ケアの対象」と考えられている「悲嘆」の状態や感情そのものは、実はここでの「ケア」の真の対象ではない、という点である。確かに、悲しみや嘆きの感情は、私たちの胸をかき乱してそこに「心の痛み」をつくりだす。しかし前述したように、ケアの必然性はその痛み自体によって引き起こされるのではなく、それが「もうない」という現在として意識される「苦悩」において生じるものである。それゆえ、ここでのケアの対象は、その人が「もういない」という事実を受け入れられない、という当事者の状態のほうであるだろう。

しかし、なぜ当事者はその事実を受け入れられないのだろうか。なぜ「いた」ひとが「いない」ことはこれほど途方もないことと感じられてしまうのか。そのことに対する答えは、おそらくこうであるだろう。「なぜなら、そのひとは〈いないのに、いる〉からだ」。前節で確認したように、私たちが〈ひと〉に出会うこととは、そこに現前する身体に出会うことではなく、むしろそこに未知という「ないもの」を見出すこととして捉えられる。この「ないもの」との出会いを、レヴィナスならば〈顔〉visageという概念で表現するのではないだろうか。レヴィナスは〈顔〉には「なんじ殺すなかれ」という呼びかけが鋳込まれていて、出会ったものはこの〈顔〉に対する応答責任を負っているのだという[6]。ただし、ここでレヴィナスは「いのちあるもの」との出会いを一応は想定していたはずである。これに対して、私たちの問いにおいて〈顔〉は、「ないもの」が「ないのにある」という仕方で、反転して現前する[7]。その者はもう死んでいるのに、その〈顔〉は「なんじ殺すなかれ」と〈呼び続ける〉のである。

それゆえ死者は生者に何ごとかを語りかける〈ひと〉であり続けている。だが、その「生き生きと」語りかけるその実在は、身体として生きる「いのち」としては失われてしまっている。この矛盾を私たちはすぐに理解することができない。誰もがいのちあるかぎり、死すべき運命にあり、その死が訪れたのだということは理解できても、その〈ひと〉という、私の世界の中に現れた意味の結節点が消滅した、ということとは「理解できない」。つまりそれは容易には「消滅」などしえないのである。

この矛盾を前に、私たちは「悲しみ」という感情の力を通じて、それを「喪失」として受け入れようとするだろう。しかし喪失の受容は、決して涙によってだけなされるのではない。すなわち、〈ひとの死〉を前にして立ちすくむ者の「感情」においてのみ遂行される仕事なのではない。むしろそれはまず、亡くなったその〈ひと〉との「あいだ」で、その〈ひと〉に対して遂行されるものである。なぜなら、ここにある「矛盾」は当事者の「心の中」において生じているのではなく、そのひとの心と、現実の世界における他者の「不在」という事実との「あいだ」にこそ生じているのだから。

この「あいだ」における矛盾を受け入れてゆくために、私たちは死者を葬り、弔うという独特の儀礼と習慣を引き継いで来た。それはたんに肉体を葬り、その存在に別れを告げることに終わるのではない。私たちはそこで死者に呼びかけ、その人生を語り、墓碑銘を刻む。そのような営みを通じて死者は「不在」ではない「死者という存在」としてのいのちを賦活され、出会い直されるのである。(8)

このような私たちの態度と行為は、きわめて「ケア」的なものである。前節で見たように、ケアとは未知を孕んだ〈ひと〉をそこに発見し、目的として受け取り直してゆく営みである。そうならば、そこには未知などないではないか、と思われるかもしれない。だが〈ひと〉の死はありふれた死（三人称の死）などではなく、その都度私の生きる世界を未知のものへと変貌させる衝撃である。そしてまた死者の赴く先も「既知」ではない「未知」なのである。死者に対してケアが可能であるとすれば、「既知」に封じ込めることなくこの「未知」を見据えて、そこへと他者を送り出すことが、そのほとんど唯一のかたちであるように思われる。

そのケアは、メイヤロフのいうような「自己実現」を助けることになるとは、ふつうには考えられないかもしれない。しかし私たちの死者への態度は、生者と同様にそこに「死者としてのその人らしさ」を念じ、それを助ける。そこに「実現」の基準はないが、しかし私たちにとってその人が「旅立って行った」と感じる時があって、そこで「喪失」という出来事がひとつの「経験」として切り出される地点があるのではないか。そこに「死者へのケア」はひとつの「節目」を形作るだろう。

むろん、そこで悲嘆は終わる訳ではない。しかし、このような作業によってこそ、死者との「対話的かかわり」が歩みだされ、深められてゆくように思われるのである。それは生者との対話と同じではないが、対話の本質はただ「双方向性」にあるのではない。他者の存在やその影響によって、自分が新たなものになる経験が、対話なのである。肉体から旅立った他者は、死者の名において世界の中に新たな場所を与えられ、その名から、死者の残した言葉や記憶が再び語り始める。世界は死者によって豊かなものとなり、私たちはそれにあらためて出会うことで、日々新たな者になってゆくのである。

さて、このように考えるとき、グリーフケアは「悲嘆のケア」「悲嘆に苦しむ人のケア」である以前に、その内奥に「死者に対するケア」を孕んでいる。そしてそれゆえに、悲嘆者のケアは「悲嘆者の死者へのケア」をケアすることへと行き着くのである。私たちは身近な人の死に対して、通常は家族や親族、友人等とともに向き合い、見送っている。そのような場において人間の文化は、互いが支え合いながらどのように死者をケアすべきかを、事細かに準備し、引き継いで来た。そこには暮らしのなかに根づいたグリーフケアの実践が含まれていたともいえる。しかし、そのような宗教文化、風俗習慣が廃れ、あるいは拒否されて来た近代以降の暮らしの中には、そのようなケアの力も欠落しがちである。

また、思いもよらぬ事故や急病など、それを多くの人と共有しがたいような仕方で、大切な人を失くした場合、死者との「対話的かかわり」を取り戻せるような「見送り方」ができなくなる、わからなくなる、ということがあるだろう。そうした状況において、死者に対するケアの助けになるような、何らかの援助ができるのであれば、そこにグリーフケアならではのケアのかたちが発見されるであろう。

4　方法としての言葉

グリーフケアにおいてのみならず、あらゆるケアにおいて、その方法の中心にあるもの、それは「言葉」である。身体的なケアに注目すれば、そこには「言葉」の必要性はないかに思われるだろうし、音楽療法などにおいて人を「癒す力」は、何か「言葉を超えたもの」のようにも感じられるかもしれない。しかし、そうした場においても、それが「ケア」として働くためには「言葉の力」が必要である。なぜなら、身体的なケア、五感に訴えるケアは、その場の身体や感覚に働きかけることはできるが、それだけではその〈ひと〉すなわち「未知」を孕んで意味を語りかける相手の「存在」を受け止め、それに働きかけることはできないからだ。

ただし、それはたんに記憶の中にあるものを言葉によって外在化するとか、あるいは「物語」のような世界に共感し、没入するといったことのみを指すのではない。ここで言う「言葉の力」とは「生きた言葉の対話性」(野村直樹[9])のことであり、その豊かさに包まれることで、硬直した世界が新たな意味のもとに組み替えられるような、そういう働きのことである。グリーフケアにおいても注目されてきた「ナラティヴ・アプローチ」における「ナラティヴ」という概念も、こうした言語のダイナミズムを意味するのであって、それは「表現としての言葉」でありながら、同時に私たちの生を規定しつつ、日々新たに更新されてゆく「秩序」でもあるのだ。

ナラティヴ・アプローチは、従来のカウンセリングにおいては排除することの難しかった「専門的」「治療的」「指示的」なアプローチから可能な限り距離をとり、「無知の姿勢」において相手に傾聴しながら、語りに見出される「支配的な物語」を「別の物語」に転換することを援助してゆく技法である[10]。そこではいわば「言葉」そのものの中にある「治癒力」といったものへと、主観的な世界像をひらき委ねることが目指されているといってよいだろう。

ここで大事な点は、その「治癒」の構造を理解しておくことである。それはたんに「あるもの」を表現することのカタルシスではなくて、「そこにないもの」を呼び起こし、つなぎ止め、「あるもの」へと新たに賦活する「再生」なのである。

そのような言葉の力を〈うた〉と呼びたいと、私は考えている。[11] しかしそのような定義をするためには、言葉の働きというものを総体として捉えて呈示しておかなくてはならない。

私たちが普通〈語る〉というときに取っている態度は、ブーバーがいうところの「われ／それ」のような、三人称的で客観的な態度である（Buber, 1923）。語ることにおいて、私たちは世界を何らか筋道をもった規範的な空間として発見し、そうした「物語」として「既知」になった世界を生きる「主体」となる。他方、そうした既知の世界の中に、言葉を通じて何らかの意味的な中心が指し示されるような世界の在り方もある。ブーバーが「われ／なんじ」と呼んだ、二人称的な〈呼びかけ〉は、こうした言葉の働きに導かれて、究極的には真の出会いに至るような態度である。この〈語る〉言葉と〈呼ぶ〉言葉の両極のあいだを往還しながら、私たちの生活世界のリアリティは形成されているのだといってよい。

また、それは人間のいわゆる「ライフサイクル」を支えるケアのかたちの展開にも、本質的な役割を果たしているように思われる。乳児の生命を守る母親は子に呼びかけ、子はその声の中にいわば最初の自分を見出す。しかしやがてそうした呼応には距離が生まれ、〈語り〉の言葉がその「あいだ」に規範の世界を形成しはじめる。少年は「空想」の中に自己を見出すが、思春期になるとそんな物語の間隙から、異性との〈呼び呼ばれる〉空間が切り開かれてゆくだろう。そうした不安定な世界には、やがて「生老病死」という抗いえない物語が現れて、そのうちで〈語る〉言葉と〈呼びかけ〉の言葉の緊張関係は次第に収斂してゆく。エリクソン（Erikson, Erik H. 1902–1994）がその課題を「統合」とした老年期においては、いわばそうした世界の二極性も「統合」され、人は〈語りの中へ呼ばれてゆく〉のかもしれない（Erikson,

1998)。

人生の「難所」において、人はこの両極のあいだの「振り子」の振れ幅を増して、世界の安定を生み出そうとする。〈語り〉という規範を見失ったときに救いとなるのは〈ひと〉と呼びあう親しさであり、また〈ひと〉を見失ったときにそれを乗り越えられるのは、その思い出を過去として〈語る〉ことができるからだ。もし、そうした相補性が機能しなかったとすれば、そうした世界はいわば柔軟性を失い、立ちゆかなくなってしまうだろう。

この柔軟性を意識しようとするとき、そこには言葉のいわば「第三極」とでもいうべきかたちが見えてくるように思われる。それは〈語られたもの〉の中に〈呼びかけ〉を聴き取る姿勢であり、また「呼び声」の内に「物語」を発見するような態度である。これを私は〈うたう〉言葉と呼びたいのである。ただし、それは狭義の「うた」に限定された営みではもちろんない。私たちが「うたを歌う」とき、それは書かれた音符をひとつひとつ正確になぞり、機械的に再生反復することではない。個々の音符をメロディという有機的な全体のうちで捉えて、その流れの中で意味づけて表現する、それが「うたう」ということの音楽表現における意味である。同様に、私たちが何か言葉を用いるときに、その場限りの意味においてではなく、その言葉を包み込んでいる文脈への広がりをその都度新たに捉え直し、そこへと位置づけて用いることを、言語表現における〈うたう〉ことだと考えたい。〈語り〉や〈呼びかけ〉の中では、どうしてもその表現の意味が固定化されやすい。それを可能性の中にひらいてゆく想像力が必要なのである。

ナラティヴ・アプローチの発想も、いわば物語の転換を可能にする想像力を賦活するような、言語的手法だと考えられる。また、芸術を用いたセラピーなどにおいても、ただただ美しいものに「癒される」

というだけでなく、そこには言語的な想像力を起動させて世界を刷新する「気づき」が与えられることが重要なのである。グリーフケアにおいて大事だとされる「ユーモア」にも、この〈うたう〉言葉の凝縮された治癒力を見出すことができるだろう。

しかし、実際に死別の悲嘆のさなかにある人にとって、それは決して容易に与えられる出口ではないだろう。大切な人の死に直面して、私たちは本当に深いところで「言葉そのもの」を見失う。その別れが厳しければ厳しいほど、それは「語りえないもの」なのであり、そこには重い沈黙が広がるばかりではないのか。そこに〈うた〉はどのように、現れうるのだろうか。

5　沈黙からの出発

死者を葬り、弔うことは、「不在」の他者を「死者」として賦活し、新たな対話的関係に入ることである。そのとき私たちにとって、言葉はきわめて重要な役割を果たしている。その〈ひと〉は名を呼ばれ、その人生が語られ、そして「死者」という名のもとに墓碑銘が刻まれる。私たちは〈呼びかけ〉と〈語り〉を通じてその存在を世界の中に位置づけ直そうとするのである。

このとき私たちは言葉を通じて死者をケアしている。しかし、その言葉は生前のその〈ひと〉とのあいだに交わされた言葉と同等に働くわけではない。日常において、他者への〈呼びかけ〉や〈語りかけ〉には、「応答可能性」への期待や確信が何らかのかたちで込められているが、死別という出来事は、そうした可能性自体を変様させてしまうはずである。むろん、すでに見たように、死別ののちにも他者の〈顔〉は私たちに何ごとかを〈語り〉続ける。しかしそこへの「応答」は、これまでの言葉の作法とは決定的に異なるのである。〈顔〉の呼びかけに応じるとき、その言葉への再応答の可能性は、直接的には失われている。この喪失に、私たちは「沈黙」という名の「孤独」を経験する。死者への〈呼びかけ〉も、死者についての〈語り〉も、その〈ひと〉へと届かないという虚しさの感覚が支配する。醒めてしまった夢のように、他者と〈呼びあう〉かかわりは遠いものとなり、それを〈語る〉ことは、生き生きとした現在から隔絶した昔語りへと硬直してしまう。

ここで救いとなるのは、まずは死者の存在を「共有」しうるような家族や仲間の存在であろう。そこでは、それぞれに孤立化した〈呼びかけ〉という二人称が重ね描かれて、そこにその〈ひと〉についての生きた〈語り〉の場が生成する。また、二人称的な〈呼びかけ〉に対する「応答」を埋め合わせるような〈語り〉が、思いがけずそうした水平的関係を経由してもたらされる場合がある。そうした言葉によって死者との「対話的応答」が繋ぎ止められ、悲しみに向きあうための心の支えが生み出される。さらには、そのような共有の場の内においても、ともに〈呼びあう〉かかわりが意識されるだろう。ここには死という出来事によって機能不全に陥った〈呼ぶ〉と〈語る〉の相補性をつなぎ止めるケアの場がひらかれるのである。

しかし、死別の体験においては、まさにこうした水平的なかかわりにおける場の共有が、きわめて困難であるような場合が、珍しくない。その理由はさまざまであろうが、なかでも生前の相手とのかかわりや、その他の他者との関係に何らかの葛藤を抱えていたような場合、あるいは事故や事件などの思いもよらぬ、複雑な状況における死別体験などは、その中心的事例といえるだろう。「複雑性悲嘆」とも呼ばれる、こうした苦しみにおいて言葉はやはり無力であるかに感じられる（高木、二〇一二：一二頁）。

だが、そこに現れる「沈黙」こそは、人間が苦悩の底から歩みだすための真の力である。なぜなら、そこは本当の意味で私たち自身が「他者としての死者」と「別れる」ための分岐点だからである。死者を死者として送り出す、ということは、他者がそもそも「私」ではなく、「私の所有」でもないのだ、という冷厳な事実を受け入れ、そのことにおいて他者を「他者として」了解するということであろう。私たちは日常において他者と「出会う」とき、その人自身を本当に知ることなく「このひとはこういう人だ」というような自分なりの「物語」をはりつけて「出会ったつもり」になっている。あるいはみずからの欲求に突き動かされて相手に呼びかけ、相手と一致したつもりで実は相手に依存し、また相手を所有しているといったことがある。

詩人の石原吉郎（一九一五－一九七七）は、ある茶人との会話にふれて次のように書いている。

　薄茶を立てながら、小林さんが話された事で、今でもあざやかに記憶に残っている言葉がある。お茶はなんのために立てるのか、ということである。「人に出会うため」というのが、その時小林さんから聞くことのできた、お茶の目的の一つである。
　運よく出会えたと思えるときは、ほんとうにうれしい。しかし対座はしても、誰にも出会わない時がある、といったあとで小林さんの口から、「それはそれでよろしいのです」という言葉を聞いたときのさわやかなおどろきは、今も私に持続している。まさしく頂門の一針であった。茶室を通りぬける風のすずやかな音を聞いたように、私は思った。（中略）
　むさぼるように生きついで来たことへの、一途なうしろめたさに、ふいに向き合ったような思いであった。出会ったとたしかに思った人に、実は出会ってもおらず、なにげなくすれちがった人に、深いところで実は出会っているのではないか。「出会い」という言葉すら、そこではすでに不要なのではないか。（「出会わぬこ

と」石原、一九七八：二四－二六頁）

石原は苛酷なシベリア抑留の経験から、詩人として独自の境地を開拓した人であるが、彼の「言葉」に対する姿勢は一貫して厳しいものであった。すなわちそれは、悲惨な抑留体験の苦悩を吐露し「告発する」ためのものではなく、むしろそれに対して「沈黙する」ための方法だったのである。[12] 多くの抑留者たちが、極寒の大地で理不尽な強制労働に従事させられ、帰国後は共産主義者ではないかという嫌疑のもとに監視された。みずからの置かれていた不条理な立場は理解されず、十分な補償もされぬまま、それを語る「言葉」を失ったまま生きることを余儀なくされた。加えて、石原は戦時中満州で関東軍情報部や満州電電調査局に徴用されていたためソビエトに「戦犯」として裁かれた。自国の戦争への罪責を引き受けた自負と、そのことを自国民から認められないことへの苦悩、さらにその底に沈んだ、生き延びることのできなかった収容所の捕虜たちの〈顔〉の記憶。こうした悲嘆の「複雑さ」を前に、言葉は空転し、その「負」の側面をあらわにする。[13] 石原は別の文章において以下のように述べる。

私たちは〈言葉〉によって救われるという偏見を、じつは持ちすぎているのではなかろうか。言葉が人を救い、支えるという誤解をさいごまで捨てきれないのではないか、なにげない言葉によって、私たちは無数の傷をひとに負わせ、また自らも傷ついている。その事実のはっきりした認識だけが、人間を言葉へ出発させるのではなかろうか。（「ことばよ さようなら」石原、一九七八：八二－八三頁）

他者の死に出会うという体験、あるいは決定的な仕方で他者とすれ違い、そのあいだを引き裂かれるという体験は、確かに私たちから「日常」としての「言葉」を奪う。しかしそのことにおいて私たちは、言葉というものが繋いでいる「人間」なる存在が、ついには一致し得ない「孤独」を架せられた脆弱で有限な存在であったという事実に、ようやく気づくのかもしれない。そして石原は、いわば「失語」という絶望の体験にあえてとどまり、そこに「詩」というぎりぎりの「発語」を打ち立てる。それは「沈黙を語るためのことば」であり「沈黙するためのことば」である。そしてその言葉においてひとは自分の〈位置〉を確認するのだと、石原は言うのである。[14]

だがこのとき「沈黙」は「失語＝喪失」であることを止めて、それ自身において何らかの響きと意味を持つものとしても現れるのではないか。私による叫びと語りに覆われて、みずから語りだすことを塞がれていた「他者」としての世界の、固有の響きが聴こえだすのではないだろうか。

ここに、言葉の第三極としての〈うた〉が働く地点がある。[15] それはただ〈語り〉と〈呼びかけ〉の宙吊りになった空虚な静寂を埋め合わせるものなのではない。むしろその「失語」という静寂を「沈黙」へと媒介する言葉の作用なのである。具体的に述べるならば、それは「失ったもの」を「私の言葉」から「私のものではない言葉」へと譲渡し、そこに「他者の孤独」を建設する作業である。すでに見たように〈うたう〉言葉は、ある表現の要素を、それを越えて広がる文脈において位置づけ直すことで、世界に新たな生命を与える働きを持つのだが、通常の場合そこで既知の概念や文脈は失われないままに、新たな結節が呈示され、世界が刷新される。しかし、石原のいうような、「沈黙」を引き受けるための言葉は、すでにあったものを謎めいた仕方で断ち切り、その前方に決然と定立される。

例えば、石原の代表作の一つである「麦」を見てみよう。

いっぽんのその麦を
すべて苛酷な日のための
その証しとしなさい
植物であるまえに
炎であったから
穀物であるまえに
勇気であったから
上昇であるまえに
決意であったから
そうしてなによりも
収穫であるまえに
祈りであったから

（石原、一九六九：五三頁）

詩人の言葉は明晰である。しかし「苛酷さ」のその中身は画定されない。「麦」という名称を持つ既知の植物は、その「苛酷な日」ゆえに、いわば未知の植物であることを命じられる。

天のほかついに
指すものをもたぬ

無数の矢を
つがえたままで
ひきとめている
信じられないほどの
しずかな茎を
風が耐える位置で
記憶しなさい

（石原、一九六九：五三頁）

直喩とも隠喩ともつかない独特の喩法[16]は、その謎めいた意志において、苛酷な日という私たちには測り知れぬ時間に対峙し、その言葉の強靭さによって切り取るかのように、沈黙のうちにある「世界」の存在を指し示す。むろん、それは石原の身体から抜き去ることのできない、死者に介入された生のことであるだろう。しかし、石原はそれを一本の「麦」の中に封印する。矢をつがえたまま、たわみ続ける弓に耐えるような「位置」にとどまること、それは虚無すれすれのところで世界の感触を確かめようとする、厳しい所作である。しかしその厳しさは同時に、沈黙の彼方に広がる「やさしさ」への意志のようにも、感じられないだろうか[17]。

苦悩の中にある者にとって、この世の現実は豊かな色を失った虚しい緘黙であるように感じられるだろう。しかし、その緘黙を虚無として識別できるほどに、私たちの感受性はみずからを十分に晒してはいない。それは「既知」の言葉の世界に取り囲まれているからである。そうしたいわば「内なるざわめき」を振り払う作法が、石原にとっては「詩」の言葉であったのだろう。そしてこの言葉というナイフによって、生きるということのための最小限の場所が切り出されるのである。

ただ漠然と言葉を見失うのではなく、空転する言葉を「断念」する所作の先で、私たちは「出会わない」ということに「出会う」。断念のための「作法」は石原にとっては詩を書くことであったが、茶人にとっては茶の作法であってよいし、信仰を持つものにとっては「祈り」や「巡礼」であってよい。ただ、過去を忘却するために何かに没頭するのではなく、過去に向き合いながら世界に自己を傾注することが肝要である。前者の場合に自己は過去を言葉の中に抱え込んだまま動かないが、後者の場合に自己は過去を世界へと解き放つ。「無になる」という瞬間があるのだとすれば、それは未来と過去を遮蔽するような「語り」を取り去ることによって、そこに現在が生まれる、ということであるに違いない。

それゆえ、茶の湯のように、あるいは音楽の演奏のように他者との協働があってもよいが、その中には「孤独」が認められ、守られるのでなくてはならない。言葉や作法が沈黙をつくりだし、その余韻を十分に待って、その孤独を包み込むような言葉が交わされる。そうした静かなリズムによって、世界は健やかさを取り戻してゆくのではないだろうか。

6　生者と死者の出会うところ——耳のナラティヴへ

私たちが去りゆく死者と再会する場所、それは沈黙を通じて発見される「世界」にある。死者たちは決してただ土の中に眠っているのではなく、私たちを沈黙のうちに支えている「言葉」というダイナミズムの中で、世界に連なっているのである。私たちの脆弱な生命は、決して自分だけの力で持続されているのではなく、大地に育まれる食物、循環する水と空気、そして「言葉」の流動に貫かれて、その日を生き延びている。それはつまるところ、私を活かす〈いのち〉なのである。[18]

むろん、生ける者もその力の一部であるが、日常の中で「出会う」とき、他者はそこで目に見え、感じられる姿として対象化されたり、あるいは欲求されたりするために、私たちはそれを敢えて私を活かす〈いのち〉などとは考えない。しかし、ここで再会する死者は、事物として世界の一角に埋め戻されながらも、生ける者へと還流する生命なのである。

それを、他者の存在の純粋な贈与性と言い換えてもよい。相見えているときには、その「目に見える」姿と活動によって隠されている、その人が「ただ存在すること」の尊厳は、失われたときにようやく気づかれるものであるだろう。そして、その気づきを通して私たちは〈語る〉ことと〈呼ぶ〉ことのはざまで沈黙している「世界」とそこに存在する「他者」の存在価値にも思い至るのである。それらは静かに私たちを支えていて、声高に存在を主張することがない。だから、それに気づくためには、私たち自身がそれを聴き取る「耳」とならなくてはならない。

聴き取ることとは、決してただ感覚的な美や刺激を受容する受動に終わるのではなく、むしろそれを意思によって保持することで、そのままでは凝固し沈黙している世界を呼び覚まして生き生きと語らせることである。それを別の言い方に置き換えれば、〈うたう〉ということになるだろう。〈うた〉の治癒力は、感覚と表現のカタルシスではなく、「あるもの」に「ないもの」を聴き取り、「ないもの」を「あるもの」に託すことによって、世界を修復する力である。

ベストセラーの題名ではないが、「聴く力」というものが確かにある。それは通常ならばケアを提供する側の姿勢としての「傾聴」力と解されるべきだろう。しかしここでは、グリーフケアの直接の対象である悲嘆者自身の「聴く力」が、死者の存在を世界の内に語らしめ、死者をケアすることを通じて、悲嘆者自身の苦悩をも癒してゆくのだ、と考えたい。だが、そのためにはやはり何らかの援助が必要であろう。すなわち「聴くこと」を助けるようなケアが、グリーフケアには必要なのである。

あまりに安直な発想であるかもしれないが、おそらくそれも「聴くこと」によるのではないだろうか。ただし「聴くことを聴く」などというのは不可能であるだろう。できるのは「ともに聴くこと」である。苦悩の中にある人は、その重さに堪えかねて、頭を抱え耳を覆ってしまう。そんなときに余裕のある仲間が、自分の辛かったときにどんなことが支えになったかを思い起こし、傍らでそれをそっと指差す。苦しみを忘れるような麻薬ではなく、痛みを痛みとして受け入れ、肯定しながら、しかもそれを孤立した事実ではなく、世界へと還流する風景として描いてくれるような何事か。

筆者が思い描くのは、例えばラジオから流れてくるような何でもない「うた」である。ちょっと悲しい恋のうたや、郷愁を誘うメロディ。その悲しさは自分の苦悩と同じではない。しかし、今の閉じこもった孤独に触れて、それを別の情景の中に運びながら、世界の中に開いてくれる窓になる。あるいは路傍の草花や、季節の風物。懐かしい子ども時代の玩具や、青春時代の映画。人それぞれに、何か自分を過去と未来の接点へと置き直してくれるような「言葉の入り口」があるはずだ。それを寄り添いながら、一緒に拾い、育ててゆくようなケアができればと思う。

それを例えば「耳のナラティヴ」と呼んでみてはどうだろうか。ナラティヴ・アプローチにおいても、真に重要なのは〈語る〉言葉ではなくて、語られた言葉と距離をとってそれを受け取り直すような〈うた〉を導きだすことである。援助者はそのために、相手の言葉を聴きながら、その語られた言葉を「共聴」しつつ、新たな世界の眺望をともに発見してゆくのである。[19] その意味でナラティヴは「耳をして世界に語らしめる」方法であるはずなのである。

ただし、これを安易に「共感」や「連帯」として理解することを、私たちは注意深く拒否しなくてはならない。もう一度、石原の言葉に耳を傾けよう。

まず連帯とは、〈すでに失われたもの〉であるという認識から出発しなければならない。そして、失われたものの回復は、一人の人間から始まり、一人の人間で終る。（「一九六三年以後のノートから」石原、一九七二：三一九頁）

一人の〈ひと〉の傍らに、もう一人の〈ひと〉がいたということ。その峻厳な事実を見守り続ける「やさしさ」を持ちたい。

註

（1）例えば上野（二〇一一：三九頁）。

（2）看護などの臨床的領域においては、「狭義のケア」を「ケアリング」と呼んで「広義のケア」から区別しようとする考え方がある。例えばBenner（1994）所収のDunlopによる論述（邦訳二五‐四〇頁）を参照。

（3）乳児の心的世界がどのようなものかを私たちは経験に基づいて語ることができないが、まさにその「できない」というところに「喪失」の痕跡を読み取る可能性を見出そうとするのが、精神分析の営みだということができるだろう。さらにM・クラインは乳児期後半における「乳房の喪失」に対応して組織化される心的な構えを「抑うつ態勢」とよぶが、松木邦裕はそこに「人生最初の喪の哀悼の仕事（引用者註：通常〈喪の仕事〉と訳されるフロイトの概念Trauenarbeit、原文での強調は太字）」がなされると論じている（松木、二〇一二年：八二頁）。

（4）一九一八年の夏、従軍中のウィトゲンシュタインは休暇を得たが、その折にピンセントの死を知り、自殺を企てるほど深刻な精神的危機に陥ったという。『論考』の決定稿はその休暇中にまとめられたものである。この間の事情については以下の評伝に詳しい。McGuinness（1988：邦訳四四三頁）参照。

（5）『論考』六・五三参照。

（6）Lévinas（1961：邦訳（下巻）三八–四一頁）参照。

（7）ナチスの虐殺で妻子以外の家族を失い、みずからも捕虜収容所から帰還した「生き残り」のユダヤ人であるレヴィナスは、後に第二の主著『存在するとは別の仕方で』をナチスによって虐殺された死者たちと、同種の憎悪によって犠牲となった何百万もの死者たちに捧げている。内田樹はこのことに触れ、『全体性と無限』における「他者」を「死者たち」と読み替える可能性について論及している。（内田、二〇〇四：一九一頁（頁数は二〇一一年、文春文庫版による））。

（8）「死者」の存在について、また死者との対話については、若松（二〇一二）に詳しい。ただし、「実存協同」（田辺元）のような死者と生者の交わりの成立については、その死をめぐる状況や人間関係のかたちによって、それぞれに特有の困難が生じる場合があり、そういった留保なしに「協同性」の成立一般をを語ることは誤解を招きやすいと考える。それゆえ、本書ではその成立の困難を起点とした「死者論」の構築を課題とした。

（9）江口・斎藤・野村（二〇〇六：一七頁）。ここで野村はバフチンがドストエフスキーの小説を論じる際に指摘した言葉のポリフォニックな相互作用を念頭に置いている。野村の表現を借りれば、ある言葉は「誰かが前に使った言葉でもある」のであり、誰かの「足跡」や「手垢」がついているのである（同書、一八頁）。

（10）ナラティヴ・アプローチはその本質において、いわゆる心理療法とは一線を画した問題解決のためのアプローチと捉えられるべきであるが、実際には心理カウンセリングの方法論として受容されている側面があり、従来的な

「物語療法」や「芸術療法」とは混同しないような慎重な定義が必要である。詳しくはMonk（1997）、野口（二〇〇二）を参照。

(11) 「うたう」という言葉の様態については、すでにやまだようこが論じた概念として知られているが、やまだの言う「うたう言葉」は乳児における他者との前言語的な共鳴や同調を指している（やまだ、二〇一〇）。これに対して本章における〈うたう〉言葉は、言語習得以後における、その生成や修復にかかわるダイナミックな機能を指す概念として用いられている。

(12) 石原は不毛な「告発」をみずからに禁じ、その一歩手前に踏みとどまる「断定」によって示される沈黙の重みによってのみ、おのれの〈位置〉を明確にすることができると考えた。その発想の原点には、シベリアでの友人鹿野武一の姿が刻み込まれている（石原（一九七二：「ペシミストの勇気」）参照）。

(13) 石原の帰国後の家族との葛藤については石原（一九七二：「肉親へあてた手紙」）を参照。

(14) 石原（二〇〇五）所収の「失語と沈黙のあいだ」、および石原（一九七二）所収「沈黙するための言葉」を参照。なお、石原はシベリアでの強制労働の中で遭遇した、ひとりのロシア人収容者の射殺という出来事によって、それまでの収容生活において進行していた「失語」状態とは決定的に異なる〈沈黙〉という「言葉の決定的次元」が、みずからの中に根をおろして行ったと書いている。石原（一九七二：「沈黙と失語」）を参照。

(15) 石原自身、みずからの詩作においてつねに『うた』の復権」ということを意識していたと述べている。笹原常与はその意味を「最もよき私自身」の復権と解している。詳しくは石原（一九六九）所収の笹原による詩論（一四三－一四五頁）を参照。

(16) 石原の独特の喩法について北川透は「直喩のふりをしている隠喩」（北川、一九九三：二〇二頁）と評し、佐々木幹郎は「隠喩の軸よりも換喩の軸に偏るという方法」が石原の詩の特徴であると述べている（石原、二〇〇五：巻末解説、二九一頁）。

(17) 石原は最晩年のノートで以下のように述べる。「もし私がなにごとかに賭けなければならないのであれば、私は人間の〈やさしさ〉にこそ賭ける」(「一九六三年以後のノートから」(石原、一九七二:三二〇頁)。ただし、そのやさしさはまた「厳しさ」として理解すべきでもある。別の箇所では次のように言われている。「やさしさとは、やさしさに埋没することではない。拒むことのできるやさしさ、おしかえすことのできるやさしさこそ重要なのだ」。なお、石原は若き日に、カール・バルトの直接の弟子であるヘッセルから洗礼を受け、以後生涯にわたってキリスト者としての深い自覚の中に生きた。それゆえ、ここでいう「やさしさ」はキリストの愛と無関係ではないだろう。

(18) 当然のことながら、ここでいう〈いのち〉とは、ただ生き延びる肉体的生命とは区別されたものであり、その力を端的に表現するならば「spirituality」ということになるだろう。いわゆるスピリチュアルケアも、漠然とした「魂にふれるケア」のようなイメージではなく、正確な意味における「霊性」すなわち私たちを貫き賦活する存在との関係性を取り戻すようなケアとして意識されるべきである。その意味でスピリチュアルケアには「言葉」が大変重要なのである。

(19) やまだようこは、喪失と「語り」の関係を考察する中で、かつてやまだが「並ぶ関係」と呼んだ、共同注意や共鳴の関係に注目している(やまだ(二〇〇七:「なぜ生死の境界で天気が語られるか」)参照)。確かに、他者との関係性を深める契機は、対向しあう呼び合いのかかわりであるよりも、第三のものを共有する経験の集積であるといえる。しかし、ここで私が「共聴」という概念で示そうとするものは、「並ぶ関係」に乗りながらも、乳児の「うた う関係」以来の感情の共同化の延長線上にではなく、むしろその決定的な〈断絶〉の意識において、なお紡ぎだされようとする「共同化」であり、その生命線は共感の手前にある「言葉」であり、あるいは感情の「痕跡」としての「言葉」なのである。

第八章
魂の在り処
グリーフケアと対話の哲学

1 はじめに

グリーフケアにおいて「言葉」の果たす役割はきわめて大きい。それはただその場限りの「やさしさ」で苦痛を和らげる、ということにとどまらず、過去と未来のあいだにある「ひと」の全体に働きかけて、その「苦悩」に寄り添い、ともに歩み出すための力になる。

しかし、実際に苦悩の中にある人に対して、どのような「言葉」を用いて向き合えばよいか、ということに正解はないのかもしれない。医療器具のように消毒され、規格化された言葉は、短期的な「苦痛」のケアには有効かもしれないが、長期にわたって複雑な経過をたどる「苦悩としての悲嘆」に対しては、必ずしも十分に届くとはいえないであろう。

では、悲嘆に向きあう実際的なアプローチにおいて、言葉がケアの手として相手に届く、ということは、一体どのようなことなのだろうか。その一つの鍵となるものは「沈黙」であろう。日常的な言葉や規格化された言葉がその効力を失い、断ち切られる経験が「喪失」であり「悲嘆」であるとするならば、ケアするものはその断絶を受け止め、沈黙のうちで共にその空白に耳を傾けながら、その人が世界に「生きた言葉」を再発見できるように援助しなくてはならない（本章第七章参照）。

しかし、その沈黙は目的ではなく、あくまで「生きた言葉」の回復を志向する姿勢であることも、忘れるべきではない。沈黙が言葉を呑み込むのではなく、沈黙を豊かに含んだ言葉を発見すること、そのことによって、私たちは「死者」という見失われた存在との新たな「対話」に結ばれてゆくのではないだろうか。

本章では「沈黙」と手をたずさえて働くような「表現」のかたちを、サン＝テグジュペリ（de Saint-Exupéry, Antoine. 1900-1944）の名作『星の王子さま』を手がかりに探りながら、死者との対話を可能にするようなスピリチュアリティの地平について考察してみたい。

2 「ウワバミ」の呑み込んでいたもの——星の王子さま①

死者の存在は、生者と同じようには目で見ることも、手で触れることもできない。このあまりに単純な事実に人間は苦しみ続けて来た。自分の脳裏には変わることなく鮮やかに存在する「そのひと」の姿は、いわば脳裏に閉じ込められ、現実の世界からは消えてしまう。そのことをすぐに納得するのは、やはり難しい。

それゆえ、死別の当事者にとって「二人称」として生き続けている死者とのかかわりを、第三者である援助者が同様に知る、ということは不可能である。だが同時に死者が「もういない」ということを納得するためには、自分の中でわだかまっている「そのひと」を「死者」という身分において、自己の内ではなく世界の側に位置づけ、向き合い直さねばならないだろう。その過程で、人は死者についての思いを誰かに語りたくなるのではないか。

しかし、死者に対する思いは単純に「こういう人だった」と定式化されうるものでもないだろう。許せたと思った人がすぐにまた恨めしくなり、苦々しく感じていた思いが急に懐かしさへと転じる、といった具合に、人への思いは必ずしも容易に定まるものではない。なぜなら、人の「すがた」というものはそもそも、そうした多義性を帯びたものであり、矛盾を抱えてこそのその人、という面があるからだ。

サン＝テグジュペリの『星の王子さま』は、そんな「やっかいな思い」を抱えた人と向き合いながら、共に歩み出す一歩について教えてくれる作品の一つである。よく誤解されていることであるが、この作品は決して単純に「子どもの頃の純粋さを忘れないで！」というようなメッセージを伝えている作品ではない。むしろ、それは王子という「やっかいな子ども」が、喪失と挫折の果てに、新たな出会いを通じて「成熟」してゆく物語なのである。[1]

ただこの本には、確かに読者に誤解を与えるような要素があることも否定できない。話の中には「困った大人たち」が沢山出てくるし、何よりストーリーの初めに置かれたあの奇妙な「絵」のエピソードが、ある先入見を読み手に与えてしまうからである。

この物語の語り手である「ぼく」は子どもの頃、本で読んだ話に影響されて「ゾウをのみこんだウワバミ」の絵を描く。しかしそれを大人たちに見せても「ぼうし」だろうと言われてしまうので、こんどは呑み込まれたゾウを透かし絵のように書き加えた絵を大人たちに見せるのだが、すると「ウワバミの絵なんかはやめにして、地理と歴史と算数と文法に精をだしなさい」[2]（『星の王子さま』一二–一三頁）などと言われてしまう。それで「ぼく」は画家になるという夢を捨ててしまう、これが第一章の筋書きである。

ここで多くの読み手は「ぼく」に共感し、「やめにしろ」と言い捨てた側を「想像力の貧しい大人」として敵役に仕立て上げるのではないだろうか。確かにそこで大人たちが取った態度は、子どもの「夢を奪う」ものだったかもしれない。しかし、著者は本当にそのような意味でこの部分を書いたのだろうか。大人の肩を持つわけではないが、私はこの部分を読むときに、自分自身の「分裂」を感じる。すなわち「子ども」の気持ちに共感すると同時に、「大人」の言い分ももっともだ、と思うのである。実際自分が帽子のような絵を見せられて「これ何だ」と聞かれて、帽子と答えると「違うよ、ゾウをのみこんだウワバミだよ」などと言われて、困惑しない大人がいるだろうか。また、もしその子どもが、その問いに大人が正しく答えてくれるだろう、などと期待しているとしたら、やはりそれは困ったことなのではないだろうか。

むろん、子どもはそのような「困った存在」であって当たり前である。大人にとってわかりやすい「素直で純粋なよい子」のほうが危険なのだ。少年期の子どもは何らかの意味で「奇怪なもの」をこころの世界に呑み込み、膨らませて生きている。そして、外の世界よりもこころの世界、空想と物語の世界により強いリアリティを見出し、没頭して生きている。だから時に大人はそうした子どもの言動に触れて戸惑うのである。

ところで大人はどうか、といえば、大人だってやはりいろいろなものを「呑み込んで」生きている。こころの中に、とても口には出せない思いや割り切れない思い出を抱えて生きているのである。ただ、少年時代と違って、大人はそれを語らない。「外の現実」にはありえないと思っているからである。

そういう目でこの最初のエピソードを見ると、そこから感じ取られるものは随分違ってくるはずだ。

もちろん「人のこころは目に見えないのだから、想像力を持って接しなさい」という教訓を読み取ることもできるかもしれない。しかしその裏には、その人の抱えている「やっかいな思い」は、すぐに人に共有されるわけではない」という冷厳な事実が控えている。だから「想像力」なるものを過信し、お互いのこころの中が読み合えるなどと思ってはならない、という「教訓」も、ここでは与えられていたのである。いささか極端な読みに思われるかもしれないが、その必然性は続く第二章で一層明確になるはずである。

3　ヒツジと箱——星の王子さま②

ケアの場面において、文脈を読むような「想像力」は確かに必要である。しかしそのことによって私達は、相手の「こころの中身」について何らかの「正しい知識」に到達しているわけではない。また、本心をズバリと言い当てられたとしても、それがコミュニケーションにおける重要な技術なのか、と言えば、それはいささか危うい話なのではあるまいか。『星の王子さま』第二章では、まさにそんな場面も登場する。

大人になった「ぼく」は画家を諦めて飛行士になるのだが、砂漠に不時着してしまう。するとそこに一人の「ぼっちゃん（王子）」が現れる。彼は「ぼく」に「ヒツジの絵を描いて」と頼んでくるのだが、「僕」は描き方が分からず、とりあえず自分の描ける、あのウワバミの、中身が見えない方の絵を描く。すると彼はただちに「ウワバミにのまれてるゾウなんか、いやだよ」（『星の王子さま』一八頁）と切り返すのである。唖然とした僕は何とか羊を描くのだが、何度描いても彼は気に入らず、あれこれ注文を繰り返しては、それも違うといって退ける。困り果てた「ぼく」は破れかぶれになって一つの絵を描き、こう言った。

こいつぁ箱だよ。あんたの欲しいヒツジ、その中にいるよ。(『星の王子さま』一九頁)

すると彼は急に表情を変え、その絵に満足するのである。

この部分は明らかに第一章の「ウワバミ事件」を前提として描かれているが、ポイントは視点の転換である。すなわち「ウワバミ事件」において「ぼく」は子どもであったのだが、「ヒツジ事件」においては「ぼっちゃん」つまり王子が子どもの立場であり、「ぼく」は大人の側に立っているのである。そしてその立場から見る「子ども」の「やっかいさ」に啞然とし、振り回されるのだ。

ここで最初「ぼく」は、正しい答えを導こうと必死に努力する。王子のこころの中に浮かんでいるものを忠実に描き取ろうと腐心する。しかしそうすればするほど、王子のヒツジは逃げて行ってしまう。この部分も「ウワバミ事件」と表裏一体の関係にある。ウワバミの時は「こどもだったぼく」が王子の立場で「大人の想像力の貧困」に不満を抱いていた。しかし今度は自分が大人の立場で、想像力を懸命に膨らませているのに、相手にそれが届かないのである。

そんな王子のわがままに対して「ぼく」が最後に描いたものは、ただ穴のいくつかあいた「箱」だったのだが、なぜ王子はそれに満足したのだろうか。それに応えることは難しいが、「彼が〈子ども〉だったから」というのでは答えにならないだろう。実際の子どもだったら、それにだって不満を述べるであろうから。

恐らくこう答えることしかできないであろう。「彼が本当は〈箱〉を欲していたから」。むろん王子は「箱を描いてほしい」とは言わなかったし、自分もそのようには思っていなかったはずである。しかし、実際必要だったのは箱なのだ。王子は自分が望む「ヒツジ」の姿を、ひょっとすると明確に思い描いてはいなかったのかもしれない。またそのヒツジはさまざまに大きさや形を変えて、その都度思い描かれていたのかもしれない。自分自身ではっきり思い描くことのできない欲求を、彼は「ぼく」と語らいながら見つめていた、そのようにも感じられる。そして背景にあるのは、おそらく一度は故郷の星を見捨て、また同時に見失った傷心なのだろう。

しかし「ぼく」は王子の言葉通りに「自分がヒツジを描くこと」に夢中になっていて、それが「ぼっちゃん(王子)のヒツジ」であることなど忘れていた。王子もそれを感じていたのかどうかわからないが、最後に箱を描いたとき「ぼく」はこう言っていたのである。この箱の中に「君の欲しがっているヒツジ」がいるから、と。そう、王子は「自分がなにかを欲している」ということ自体を受け止めて欲しかったのだ。誤解をおそれずに言えば、その気持ちの「器」となる「言葉」を探していたのである。

さて、この「ヒツジ」のエピソードから私たちが学ぶことは、相手に耳を傾け受け止めることの難しさと、単純さであろう。ただ愚直に相手の気持ちを聴き取ろうとしても、相手の思いを受け止められず、かえって悲しみや孤独感を募らせてしまうことがある。しかし、一歩踏み込んでこちらから何かを語ろうとしても、相手のこころのうちは見通せない。その時に、相手の気持ちに踏み込まずに、その受け皿となる何かを差し出すことができれば、相手がそこにみずからの言葉を着地させ、歩みだすこともできるだろう。

スピリチュアルケアにおける傾聴の技法は、そのような「器になって聴く」ための指針でもある。椅子に腰掛け、目線の高さを合わせて、相手が今重要な話をしても良いのだ、と思える場を作り出すこと。重要な言葉を繰り返すことで、それが聞き届けられたと実感できるようにすること、などは広く共有されている技法である。ただし、このような技法が無条件にどのような場合でも用いられうるかといえば、そこは難しいところであろう。終末期を中心とする医療現場であれば、当事者は限られた余命や切迫する病状、入院生活の孤独や不安といった「限界状況」にあって、ケアのかかわりの必然性や志向性が意識されやすいように思われる。災害後のケアにおいても、短期的にはケアする側、される側のどちらにも、ケアへの動機づけが比較的得られやすいように思われる。そうした場面では、傾聴はベーシックな技法といえるだろう。

これに対して、死別による悲嘆の場合には、特定の期間を過ぎれば、何事もなかったかのような日常に復帰せざるをえなくなることが多いために、ケアへの志向性は容易に拡散してしまう。「誰もが経験するのだから」「皆そのようにして頑張っているのだから」といった声が、それぞれの複雑さを持つ死者への思いを等しなみに抑えこみ、内へとしまい込ませてしまう。そうならばその「死者」自身は、ぽっかりとこころにあいた穴のように、当事者の中に取り残されてしまう。

また、たとえ何らかの仕方でケアを受ける機会があったとしても、グリーフケアの場合には、それがケアする人とされる人の「二者関係」ではない点には、留意すべきであろう。すなわちそこには必ず「死者」の存在があって、ケアする人はいわば彼らに対して「第三者」とならざるをえないからである。この三者関係を取り逃すと、ケアの力は再びすれ違い、拡散してゆくように思われるのである。

こうした点を考慮した上で、私たちが目指すべきは、拡散してゆくケアへの志向性を、ケアのかかわりへと収斂させるための理論と方法を探究することだろう。以下ではまず、当事者と死者の内なる二者関係を、第三者と共有できるような「語り」にもたらすための、概念的探究を試みることにしたい。

4 「魂」の在り処——星の王子さま③

「大切なものは目に見えない[3]」という有名な台詞が、『星の王子さま』のもっとも核心的な一言であることは、言うまでもないだろう。しかしこの言葉の意味は？ と問えば、どのくらいの人が自信を持って答えられるだろうか。実際大学の講義などでこの言葉の意味について考えさせると、友情や愛、生命、かかわりや絆、感情や考え、空気……などといった具合に、実にさまざまな答えが出てくる。

もちろん「正解」があるわけではないだろう。しかし、ただこの言葉だけを取り出していくら考えても、答えは漠然としたものにとどまってしまう。むしろ物語の実際の文脈においてこの台詞はどのように使われていたのか、ということに、私たちはもっと敏感であってよいのではないだろうか。

この台詞が語られる場面は、物語の冒頭で「ぼく」と出会った王子が語ってきかせた「遍歴」のいわばクライマックスに当たるエピソードである。小惑星の主として暮らしていた王子は、その星に咲いた一輪のバラのわがままに愛想をつかして星を飛び出したのだが、バラの代わりになるような友達が見つからず、転々とした挙句に地球にたどり着く。しかし、地球は広く、王子は心底孤独を味わう。無数に咲くバラの花を見て、自分の大事にしていた美しいバラもありふれたバラに過ぎないのだと思い、自分自身のちっぽけさに嘆き悲しんでいる。するとそこに一匹のキツネが現れて、何でもないような会話から、次第に仲良くなってゆくのである。

キツネは王子に「仲良くなる＝絆を結ぶ」ことの意味と、方法を教えようとする。絆を結ぶとは、相手を大切に感じることであり、それは自分の好みにあう相手を捕まえて「飼いならす」こととは違うということ。一度絆を結んだ相手は、別れていても自分を支えてくれるのだということ……。だが王子はそれがなかなか理解できない。そこでキツネは言うのだ。「こころで見なくっちゃ、ものごとはよく見えない」「かんじんなことは、目には見えないのさ」と。

王子は「目に見えること」に捉われていた。バラの花の美しさ、どれだけ自分がバラに尽くしたか。それを他のバラと比較して、自分のバラの大切さを測ろうとしていたのである。しかし、相手の大切さは「比較可能な価値」ではない。偶然出会って、時を共有し互いを受け止め合いながら、「その人の存在価値」を大切に思うようになるのである。

こうした「価値」はその人が亡くなったとしても消えるものではないだろう。だが、実際に目に見え、触れることのできる「からだ」はそこから失われる。キツネが王子と別れれば、王子の「からだ」も「見えない」ものになるだろう。キツネはそれに対して、こう言う。「麦ばたけの色が、あるからね」(『星の王子さま』一〇一頁)。キツネは王子と知りあったことで、今まで関心のなかった麦畑の色が愛おしくなった。そこに王子の「すがた」を見るからである。キツネは別れたあとでも、そんな「すがた」が形見のように悲しみを癒やし、自分を支えてくれると考えているのである。

「すがた」は決して「記憶の中」に閉じ込められてはいない。それは確かに目の前に広がり、目に見えるこの世界にある「すがた」なのだ。そう考えると、キツネの言う「大切なものは目には見えない」ということは、決して目に見えるものを排除することではなくなる。重要なのは、目に見えるものの「意味」が変貌し、深まりゆくことなのである。

このとき私たちは「魂」と呼ばれるものの在り処を、探り当てているのではないだろうか。すなわち、生者と死者を超えて、互いに響きあう存在の地平に、触れているのではないだろうか。時にこの語は心身二元論的な意味で「身体」に対立させられる「精神」「こころ」の意味でも用いられる。しかしここで意味しているのはそれらとは区別された、ある意味で「からだ」と「こころ」を架橋するような存在の「出会われ方」である。

科学的、合理主義的な世界観の中においてならば、身体は周囲に存在する石材や木片と同様、何らかの化学的組成をもった物質の塊に過ぎない。しかし生きている私たちはそれをバラバラな身体部分の集合としてではなく、いつもひとつの全体としての「からだ」に結びつけて理解している。すなわち、そこに「顔」があるとか「手」がある、と理解するときに、その認知の背景にはいつも「からだ」という地平が延び広がっている。

むろん、私自身の「からだ」理解と、出会われる他者の「からだ」に対する理解は、同じ仕組みとはいえないであろう。私の身体は内側からの知覚を通じて統合され、他者の身体は外的な知覚によって捉えられる。しかし、この両者の在り方は、私たちが生まれ成長してくる過程において複雑に反響し合いながら形成されるものである。すなわち、他者の「からだ」は私自身の身体を「からだ」という全体像として捉えるための「鏡像」として機能し、またそのようにして捉えられた私の身体理解は、他者の「からだ」を、私がそう感じるように痛み、悲しみ、喜ぶ「ひと」として位置づけようとする。

こうして互いを映しあい、対をなすように働く「からだ」の現れこそ、そのひとの「すがた」と呼ぶべきものだろう。それはただ主観が客観を捉える、というような非対称の知覚内容としての「からだ」ではなく、その非対称性をそのままに、両者を架橋しようとする他者理解の場なのである。

「からだ」という理解の水準において、私たちは容易にそれを「こころ」と並立させ、それらを切り離すのか、統合するのか、といった議論に巻き込まれてしまう。しかし、私たちが実際に他者とかかわりあう場面において、目の前にある存在を「こころ」と切り離した「からだ」として捉えたり、あるいは内側に「こころ」という何かを隠した「からだ」として捉えたりするであろうか。

> 彼に対する私の態度は、魂（Seele）に対する態度である。[4] 私は「彼は魂を持っている」という考えであるというわけではないのだ。（『探究』第二部四章一七八頁：§22）

他者の「すがた」に接するとき、私はそこに「こころを隠したからだ」を見るのではなく、「こころある存在」そのものと出会っている。この出会いの可能性にひらかれた存在の仕方こそ、「魂」と呼ぶべきものなのである。ウィトゲンシュタインはそうした「すがた」としての「魂」を、次のような美しい言葉で表現していた。

> 人間のからだ（Körper）は、[5] 人間の魂の最良の像である。（『探究』第二部四章一七八頁：§25）

考えてみれば、私たちは日々互いの「からだ」を映しあいながら暮らしているにもかかわらず、そこに「魂」としての「すがた」が現れていたことに気がつかない。背が高いとかピアノが巧いなどという「目に見える」からだに気を取られて、「こころで見る」その人の存在そのものの重さを見過ごしてしまう。そして、その相手が失われたときに慌てて、その「すがた」を探し求め、魂に向きあおうとする。『星の王子さま』のキツネもそんな私たちの曖昧な「魂に対する態度」を、戒めていたのである。

5　よみがえる「すがた」

死別という経験において、私たちは否応なしにその他者が「すがた」としてあったことを思い知らされる。しかもそれは皮肉なことに、その「すがた」が破られ、いわば「からだ」であることが暴き出される、という仕方において、告げ知らされるのである。もちろん死者も、例えば遺体というような「すがた」において現れているのであるが、しかしそこでは生ける者どうしとしての「すがた」と異なり、生きた「呼応性」が見失われてしまう。触れることが、触れられることであり、見つめることが見つめられることであるような相即性の糸が弛緩し、またその「すがた」は痛ましく、生きている私の「鏡像」としてはあまりに虚ろなものに見えるかもしれない。

だが、死者はそのまま「すがた」を滅ぼしてしまうわけではない。確かにそれは生前のように触れあい、見つめあい、語りあう「からだ」ではない。しかしながら、私たちはそのように変わってしまう死者の「からだ」を捨ててしまうのではなく、その文化に応じた丁重さで弔うだろう。そこには一貫して消えることなく、しかし形をかえながら、その「からだ」の影が繋がっている。そして私たちは、その影をよすがとしつつ、新たな他者の「すがた」を再建しようとしてきたのではないだろうか。

その新たな「すがた」は、決して「からだのないこころ」のような、抽象化された精神作用のようなものではない。もちろん、生前の「からだ」と同じような全体を保ち、私の「からだ」と呼応することはありえない。しかし、何らかの意味で「からだ」でありつつ「こころ」であるような、具体的な場において、それは「魂」として私と応じあう存在になる。

だが、私たちの生きるこの時代においては、そのような「具体的な場」が貧しくなっている。死が医療に取り囲まれ、日常から分離されるようになるまで、死はいつでも生の傍らにあり、死者は生者の周囲に存在した。慰霊や追悼は廻る歳月に組み込まれたリズムであり、祈りは日常の仕草に他ならなかった。しかし、生者も死者も厳密な情報／事物として管理され処理される現代の社会装置において、死者は私たちの「明るい生活空間」からは「ないもの」として取り除かれてしまう。死者は「からだ」を奪われた抽象的な「こころ」として、生ける個人の「こころ」に密封されてしまうのである。いってみれば、それは「箱のないヒッジ」なのである。

グリーフケアは、そうした死者を解放し、その「すがた」を世界の中へと呼び戻して共有しようとする営みであるべきだろう。そのためには、世界の側に「箱」となるような「具体的な場」を紡ぎ出してゆかねばならないだろう。ただ、結果として喪失の当事者が、自分の「こころ」の中にそのひとの「すがた」をおさめてそれを語らずとも安寧な日々を過ごせれば、それはそれでよいのだし、従来型の葬祭や墓所、仏壇のようなかたちを通じて死者と対話できれば、それ以上のものを求める必要もないだろう。問題となるのは、そのような対話の場所へと休らうことの難しい複雑な悲嘆の事例であり、また死別そのものの事情はとりわけ複雑でないものの、それをおさめる場所を見失っていたり、そこに違和感を持ったりしている事例である。そして現代においては、後者のような事例が見過ごせないほどに増えているのではないだろうか。

さて、そのような「具体的な場」とはどのようなものか。まずもってそれは、死者の「すがた」を「こころ」という密閉空間から呼び起こすことのできる場、でなくてはならない。それを媒介するものはやはり「言葉」による表現、すなわち「語り」ということになろう。しかしすでに指摘したように、当事者に一対のかたちで援助者が向き合い、その語りを受け止める方法には、一定の効果とともに特有の限界と困難が付随する。[6] 死者という「第三者」を含んだいわば「三角関係」の中で、一対の「対話者」が濃密な関係にあれば、かならずそこから一人が疎外されてしまう可能性があるのだ。自己を語れば死者が沈黙し、死者を語れば自己が見失われる。その葛藤を援助者は受け止めなくてはならないが、堂々巡りの葛藤を前に、どうしても出口へ急ぎ、何らかの指示的なアプローチに頼りたくなるだろう。当事者が感じている悲しみや無力感を癒すために、その当事者の「魂」に働きかけ、そこに「意味」への指向性を与えてゆくことは、苦悩する「生」への雄弁な肯定であると同時に、「死者の魂」について口をつぐみ、援助者という「すがた」に重ねるような自我を頑に再構築しようとする試みに、すり替えられかねないとも危惧される。

この「対話のパラドクス」から抜け出すために必要なのは、上述のような入れ子式の二者関係ではなく、グループの活動の中に開かれた「還流する対話」の仕組みであろう。依存症などの自助グループ活動やナラティヴ・アプローチの方法でも、専門家と呼ばれるような指導的立場の介入を避けて、当事者の語りや、当事者どうしの分かち合いが重視されてきた。しかし、グリーフケアにおいては、自助グループの活動においても講演会や勉強会などにその活動の重心が置かれ、それを基点とした相互交流の場が築かれてきたように思われる。その理由はさまざまあろうが、おそらく当事者同士の「語りあい」だけでは、二者関係におけるケアとは別の意味で、「死者」が言葉の対流にうまく乗ることができず、結果としてまた「こころ」の中に淀んでしまうのからなのではないだろうか。どうしてもテーマが「死別」そのものになってしまうと、語りの色合いが単調になってしまうし、それぞれの「死者」への思いが拮抗しあって身動きの取れない状況が生まれ、結果としてその思いが「こころ」の中に錨をおろしたままになってしまうだろう。だから、むしろテーマは多様であったほうがよく、多少の距離をもって「共に聴く」さまざまな話題を媒介として、その中で自然なかたちで「死者」への思いが再発見され、語り出されるほうが、結果としてその人それぞれの死者の「すがた」との再会をサポートすることが可能となるのではないだろうか。こうしたグループには「関心があれば誰でも参加できる」という自由さがある。特別な喪失体験がなくとも、援助者やその活動に興味を持つ人、講師の話を聴きたい人などが混じり合い、それぞれに世界を豊かに広げてゆく場にもなるだろう。興味深いことに、近年ではそうしたグループが互いに連携し、社会に向けて自分たちの苦しみや問いかけを発信しながら、活動の輪を広げている。

こうした活動は、拡散してゆくケアへの志向性を拾い集め、ゆっくりと対話へと還流させ、そしてまた日常へそれを浸透させようとする営みである。それは「向かいあう対話」に比べれば、あたかも地殻の移動のようにゆっくりとした対流であるが、悲しみにある人を「回復」へとせき立てず、その代わりに新しい時間の質のようなもので、支えてくれるだろう。閉じた空間ではなく、伸び広がってゆく世界の中で、距離のうちにふと死者の「すがた」を見いだすことができれば、死者は「こころ」と「からだ」の緊張から抜け出して自由に羽ばたいてゆく。

6　おわりに――刷新されるスピリチュアリティ

グリーフケアにおける「スピリチュアルケア」は、死者の魂を「目にみえないもの」として語るだけでは十分とは言えない。本当はそれを「目に見え、からだに感じられる世界」のうちに「すがた」として再発見できるように、援助するものでなくてはならないはずなのである。ただし、ここでの「目に見える世界」とは、私たちが日常において「見ている」と思わされてきた世界、すなわち客観化され、比較計量されて道具的に管理される対象の寄せ集めなのではなく、ありのままに今与えられている「すがた」としての世界の全体のことである。『星の王子さま』が「子どもの純粋なこころ」を取り戻すことを勧めているのだとすれば、そのような世界の「すがた」に出会う姿勢、という意味においてであるだろう。しかしここでも注意しなくてはならないのは、そこに深い意味が生まれるのは、さまざまな喪失や悲嘆を経験し、夢や空想を見失ってきた「大人」であるからこそ、ということである。「だけど、目ではなにも見えないよ。こころでさがさないとね」（『星の王子さま』一一四頁）と、王子がみずからの口を通じて「ぼく」に語りかけたとき、王子はもはや「子ども」ではなく、バラへの愛に目覚め、こころの痛みを身にしみて味わった一人の「青年」の「魂」において、世界と響きあっていたのである。

「魂」に出会うこと、スピリチュアルな世界観に生きることは、決してこの目に見える世界を「超えた」ものや、そこに「秘匿されたもの」としての神秘に通暁することとイコールではない。もちろんいわゆる宗教的な神秘体験を排除する必要もないが、しかしそれを条件とする必要もない。むしろ、この世に溢れていながら気づかれることのない小さな神秘、偶然の出会いにこころを寄せながら歩むことこそが、多くの人にとっての「等身大のスピリチュアリティ」なのではないだろうか。

「還流する対話の場」は、小さな神秘を言葉のなかで共に拾い集めながら、それを真の意味での「spiritus＝生命の息」として賦活させ共有する営みと言えるだろう。かつて宗教家や熟達した専門家の手に委ねられていたスピリチュアルケアは、今やその裾野を広げ、人が寄り添い、互いに言葉や眼差しを交わしあいながら、支えあって生きる共同性のかたちへと刷新されつつある。そして専門家に求められるものも、求心的なケアの技術のみならず、拡散してゆく悲しみを拾い集め、それを「生きる力」へ還流させるような場の構築力へと広がっていると考えるべきだろう[7]。

さて、本章を閉じるにあたって『星の王子さま』からもうひとつの言葉を引用しておきたい。それは、例のキツネとの別れの場面で、さいごにキツネが告げる言葉である。

めんどうみたあいてには、責任があるんだ。まもらなきゃならないんだよ、バラの花との約束をね……[8]（『星の王子さま』一〇三頁）

私たちは、大切に思う人に「応えてゆく」責任を感じる。だがそれはどのようにして応えてゆけばよいものなのだろうか。相手が「からだ」としてそこに存在するのであれば、レヴィナスの〈顔〉の倫理のごとく、その相手の自己実現をケアし、尊厳を守ってゆくべきであろう。しかしそれが「死者」であるならば、どうだろうか。

私たちは、みずからの生き方の全体をもって、大切な人の残した「問い」に応えてゆく他はない。死者の〈顔〉は生者の〈顔〉のように、私たちの意識をその「からだ」へと収斂させることを拒み、その「からだ」の不在の場所、すなわち残された私の全人生へと拡散させる。私たちは「人生」という言葉の中に、再び死者の「すがた」を重ねながら、そのある意味で茫漠とした概念に骨肉を与え、自己のものとして受け取り直してゆくのである。そんな仕方で見いだされる「生き方」への促しをここでは〈すがた〉の倫理と呼んでおきたい。それは必ずしも、王子がバラのもとへ帰ろうとしたように強い「意味」に向かって身を投じるような「倫理」でなくともよい[9]。むしろ後から気づくような仕方で、いつしか死者の「すがた」に身をうつし、それに促されるように歩んできたと感じる、そんな緩やかな「応答」の中に発見される「倫理」があってもよいように思われるのである。

註

（1）「王子」を「永遠の少年」になぞらえて、それを賛美するか、あるいは幼児性への固着として批判するか、といった論じ方にとらわれてきたこの書の読まれ方の「不毛性」を、村瀬学がはっきり指摘している。村瀬は「少年の主観性」を「解釈の多義性」と見た上で、王子が物語の中でそうした「少年」という在り方から抜け出していたと論じている。村瀬（一九八九：一四六 - 一五二頁）を参照。

（2）引用箇所および文中にて言及した用語表記は基本的に内藤濯訳によったが、一部漢字と仮名の表記を変更した部分がある。

（3）この台詞ははじめキツネの口から発せられ、後に「ぼく」によって似た言葉が語られ、王子もキツネの言葉を「ぼく」に向けて反復してみせる、というかたちで繰り返し登場する。王子によって後に発せられた台詞では「important」であるが、キツネには「l'essentiel」と言わせており、内藤訳ではそれぞれ「たいせつなもの」「かんじんなもの」と訳しわけられている。

（4）ドイツ語の Seele は英語でいう soul と mind にまたがる用法を持ってはいるものの、ウィトゲンシュタインはそれを Kopf（頭）や Herz（胸）と区別して用いており、どちらかというと soul の意味合いで用いることが多いと考えられている。ただし英訳では mind が当てられる部分も多い。ここでの英訳はもちろん soul である。

（5）ウィトゲンシュタインは「肉（Leib）」という表現で肉体としての身体を表し、全体としての「からだ」に相当する概念として Körper を用いている。

（6）例えばブーバーが「われ - なんじ」と呼んで定式化した対話的かかわりが、他者の他者性を理想化し均質化してしまうことをと批判したのはレヴィナスであった。しかしそれを批判するレヴィナス自身も〈顔〉の根源的な不等性を前に、そこへと無限の責任を負うような「奉仕」というかかわりを通じて、その二者関係を目的化する仕方で他者の他者性を閉塞させてしまうのではないだろうか。これに対する筆者の見解は、本論文末尾で示した通りである。レヴィナスのブーバー批判については本書第四章三節を参照。

(7)「悲しみ」を「生きる力」へと還流させる営みにおいては、悲しみの当事者同士の浸透しあう共感の力こそが、その本質的な原動力であることを忘れてはならない。入江杏はそうした結びつきを生み出すスピリチュアリティを「悲しみの水脈の広がり」と表現している(入江、二〇一三:二一六頁)。

(8)この箇所の翻訳は難しい。responsableでなくてはならない、という表現が対応するこなれた日本語が存在しないからである。「約束」という表現に置き換えた内藤訳の苦労が偲ばれるが、本来は「バラに応えなければいけない」といった程度に訳すべきかもしれない。

(9)王子がヘビの危険な誘惑に身を投じた「感覚」は、青年期独特のスピリチュアリティと言い換えることもできる。ここでの「献身」は未だ「観念」の中に宿された態度にとどまっている。むろん私たちがその「観念」を破って現実に足をおろし、そこで本当に他者に届く「献身」ができるのか、という問いは残るのであり、それゆえに青年期の宿す「悲劇」は私たちの胸を打つのだろう。

第九章 「身振り」としての沈黙
グリーフケアの哲学

1 はじめに——沈黙をともに聴く

バッハの『ゴルトベルク変奏曲』の終結部、冒頭の有名な「アリア」の一節が再び戻って、天国的に長いこの作品は終わる。ピーター・ゼルキンがその指を鍵盤から離すと、余韻がゆっくりとホールの静寂に吸い込まれた。

ピーターは身じろぎもせず、その静寂に耳を傾けるように、ピアノの前で頭を垂れていた。もちろん曲が終わっていることは、皆分かっている。でも演奏は終わっていない。私たちは静かに呼吸しながら、演奏者の「沈黙」に耳を傾けていた。数十秒、あるいは一分以上経ったのだろうか、やがて、彼が静かに立ち上がると、それに応じるように拍手が湧いた。それは止むことなく続き、ピアニストみずからも、その聴衆に向かって拍手を送った。

それはもう二〇年以上も前のことである。(1) 客席には当時まだ存命だった作曲家・武満徹(一九三〇‐一九九六)の姿もあった。『音、沈黙と測りあえるほどに』という著書でも知られる武満と、あの「沈黙」

を共有していたのだと考えると、今でも何だか誇らしい気持ちになる。ピーターが深く共鳴していた武満の音楽思想は、近代の西洋音楽のように、観念を組み立てた構造物によって、雄弁に世界を描き出すようなものではなかった。むしろ武満は、世界を世界そのものとして語らしめ、それを聴き取る最小限の仕草として「強く少ない音」を手にしようとした。それらの音で紡ぎ出される音楽は、難解な現代音楽の手法を用いて書かれていながら、その厳しい響きの合間から、次第に「充実した沈黙」が導き出され、聴き手はその静けさのうちに、穏やかに世界へと着地することができる。このプロセスのなかで、聴き手は作品を聴くのではなく、作品を通じて武満がそこに聴き取った沈黙を、ともに聴くのである。あのときのバッハもそんな武満の音楽に似て、バッハを聴いたという以上に、ピーターの聴こうとしていた声に、ともに耳を傾けたような、そんな演奏だった。

ピーターは、いったいどんな思いでそこに座っていたのだろうか。そのホールは名チェリスト、カザルスの名を冠し、落成の折にはカザルスの名伴奏者であり、ピーターの師匠であったホルショフスキが伝説的な演奏を成し遂げた場所でもある。あの沈黙は、前年に世を去った師への祈りであったのだろうか。あるいは、やはり自身の偉大な父ルドルフ・ゼルキンの面影が浮かんでいたのだろうか。もちろん、本人はただ無心に、バッハの音符の余韻を聴いていただけなのかもしれない。だが、その沈黙には、そこにはもう存在しない「誰か」への思いを呼び起こす力が、確かにあったように思われる。現在でこそ、コンサートの舞台はしばしば追悼と祈りの場として意識されるが、バブルの記憶の残るあの頃の東京では、そうした「質」をもった時間に遭遇することは少なかった。きっとピーターの演奏は巧まずして、そんな時間に私たちを誘ったのだろう。

2 グリーフケアの場所

大切な人を失い、悲嘆のさなかにあって苦しむ人への「グリーフケア」に対する関心は、日に日に高まっているようである。その背景には、この四半世紀のあいだに私たちの社会が経験してきた大きな自然災害や事故・事件の遺した深い傷があり、またそれを通じて改めて浮き彫りにされた、人間の傷つきやすさ（vulnerability）への感受性の高まりがあるように思われる。

人間は「死」というものに対してつねにおびえながらも、それを弔うすべを考え、そのための作法を整えてきた。傷つきやすい「個」はこうした手に守られながら、悲嘆に暮れる時を過ぎ越してきたのである。現代において、伝統的な宗教や習俗は衰退の一途を辿っており、その中での弔いの作法も、ぎりぎりのところで受け継がれ、商業化されながら、なんとか命脈を保ってはいるようだ。

しかしそれ以上に、現代においては「変わらない日常」からの同調圧力が「悲しみの時」をかき乱し、奪い去ってゆく。当事者はみずからの胸の内の思いにふたをして、それが当りまえのような顔で、日常の中に戻らなくてはならない。

だが、そうして日常の中へと戻った「個」の脆弱さを守ってくれるものは、どれだけあるのだろう。死者の記憶を封印し、今その時の情報へとひたすら同期を繰り返すうちに、その時の苦悩はかき消されるだろう。しかしやがてそれはその人の生の深奥に根を張りめぐらせ、抜けない刺のように、その人を苛むことになるかもしれない。

そんな時代、人々は脆弱さを補完する「レジリエンス（resilience）」を渇望する。直裁に訳せば「回復力」だが、もうすこしこなれた日本語でいえば「しなやかさ」であろうか。竹が風を受けてたわみ、しなるように、悲しみ嘆くことをつうじて、その苦悩を受け止め乗り越えてゆく強さ。そのためにはもちろん、風に耐え、心身丸ごとが風に騒ぎ、きしむように感情に動かれて、それを表出する「時間」が必要である。つまりそれは、安直に苦悩を振り落とす能力とは正反対の、悲しみを引き受ける強さなのである。

しかし、それは決して「個人」の中に植えつけられる「強さ」ではないはずである。もとより脆弱な個としての人間が、それでもいのちを繋いでゆけるのは、誰かがそのいのちを受け止め、大切なものとして育み支えてくれるからである。古来そうしたケアを可能にしていたのは、宗教や習俗の中に息づいていた共同体的な「かかわり」の力だった。もし今、そうしたものが失われつつあるのだとしても、私たちに求められているのは、そうした「かかわり抜きの」レジリエンスではなく、「かかわりの編み直し」の中での、レジリエンスの再構築、なのではないだろうか。そして、グリーフケアの営みが目指すのも、ただ苦悩から人を救い出すこと（キュア）ではなく、苦悩に寄り添うことで、人間の傷つきやすさと対をなすような「ケアの場」を、しなやかに紡いでゆくことなのである。

実践としてのグリーフケアは、狭い意味でのケア、すなわち専門化された援助職によって心の傷を癒す、というようなものだと考えるべきではない。そうしたものを含む、とはいえるが、「場」としてのグリーフケアは、もう少し緩やかな仕方で、日常性そのものの中に浸透して、それを組みかえてゆくようなかかわりであるべきだ、私はそのように感じている。そのイメージは、冒頭に述べたコンサートでの、あの長い「共有された沈黙」のイメージに重なってゆく。

3　失語から沈黙へ

「悲しむこと」は、人が喪失を乗り越えてゆく上で必要不可欠の営みである。悲しみの感情に直面し、それを表出することを通じて、私たちは対象を失った事実を認め、受け入れてゆくのである。グリーフケアの方法論も、そうした自然な感情の原理の上に見いだされるべきであることは、言うまでもない。すなわちそれは悲嘆を取り去ることではなく、悲嘆を受け止め、寄り添うようなケアであるべきだろう。

一方、その観点からいえば、「沈黙」は、いわば悲嘆によって解きほぐされなくてはならないような、よりネガティヴな状況のように思われるかもしれない。しかし、悲嘆という営為において、沈黙はまさにそれを通じてしか成しえない働きを宿していると、私は考えている。

沈黙とは、決してたんなる「無言」と同じものではない。それは何事もなく流れる時間のなかに、何か「別の世界」が介入してくる出来事である。それを「他者に出会うこと」だと言い換えてもよい。何かがそこで語りかけられ、問いかけられるとき、私たちは、みずからの言葉を留保して、その声に耳を傾ける。そこに「沈黙」が生まれる。

この他者とは、もちろん普通ならば、日常の中で出会う、自分以外の人間一般を指す。しかし、ここで出会う他者は「去っていった他者」、つまり「死者」である。これは非常にやっかいな他者である。その人はかつてそこにいたのに、今はいない。もう存在しないのに死者として、いる。それは「死者という存在者」なのである。そのことを納得することは、決して容易ではない。人は死すべき存在なのだということくらい、ある程度の年齢になれば誰でも知っている。だが、それを事実として受け入れるには時間がかかる。それがたんなる「不在」ではなく、不可逆の「別れ」なのだということ、その人の身体がその姿を変容させ、永遠の眠りについたということを認めるとき、それは自分と関係のない外部の世界の変化ではなく、身体として世界を生きる自己の在り方そのものを引き裂き、その変容を迫る出来事になる。だからそれは「身を切るように」辛く痛ましいのだ。

ことに、予期せぬ仕方での別れや、早すぎる死など、複雑な状況における死別を体験した場合には、その痛ましさの前で「言葉」は色あせ、とどこおる。言葉だけが空回りしたり、思いに追いつく言葉を見失ったり、あるいは思いを呑み込もうとして、そのうちに言葉そのものを取り逃してしまう場合もある。しかしそれは「無言」ではない「沈黙」の始まりとしての「失語」である。言葉を見失うとき、それはこの世を去った他者が、なおもその人に眼差しを向け、語りかけてくる経験の時でもある。むろん、不在である人からの呼びかけは、戸惑いを引き起こすだろう。だがこの「死者からの声」に向けて立ち止まり、耳を澄ませてそれを聞き届けようとするとき、失語は無言へと解消されることのない質をもった「沈黙」としてひらかれる。

グリーフケアにおいては、このような「沈黙」をどのように受け止めるか、ということが重要な意味を持っている。ある場合には、沈黙が解かれて語り出される故人への思いに耳を傾けることも必要である。しかし、記憶とは、全て語られる必要があるものなのではない。ひっそりとおのれの胸にしまっておきたい思い出があれば、それを無理やり語らせる必要もない。その人にはその人の、悲しみの作法があってよいのである。ただ、なかには「すでにいない」他者の問いかけが「未だそこにある」ことに向き合い、とどこおった時を流れるようにすることが、必要な場合がある。そのためには、言葉を見失っている人に寄り添い、その人が沈黙という「身振り」をみずから意識することによって、そうした姿勢をとることができるように助けることが、大切なのではないだろうか。

4 「身振り」としての沈黙

沈黙を「身振り」と捉える、越知保夫(一九一一―一九六一)の文章を知ったのは、若松英輔の著作『死者との対話』の中だった(若松、二〇一二:六二―六三頁)。

彼はもはや現実の死者としては生きない。彼の行為は現実の目的性を喪失し、目的への従属を脱した、それ自体のために存在する一つの身振り、一つの象徴、独自の沈黙の言語となる。(中略)彼は語ろうとするが言葉を持たぬ。かくして彼の沈黙の身振りは断絶の彼岸からする愛の絶望的な呼びかけである。(「道化雑感」[2])

ここで越知のいう「沈黙の身振り」とは、死者からの呼びかけを意味している。死者はそこに、かつて存在したようには現れない。しかしその不在のただ中から、その実在を呼びかけ、語りかけている。若松はこれを引きながら、「もうあの人は何も言わない、でもそこに、深い信頼も愛も、また絶対的な支持も感じたりする」と述べ、こうした意味で死者は「実在」し、生者と交わるものだということを伝えようとしている。

越知の「身振り」という表現は、決してたんなる修辞に終わるものではない。無言や失語がその人の「状態」を表すのに対して、沈黙は、そうした状態に対する「態度」を意味する。私たちは通常でも他者に向きあうときには、その身体的存在のうちに何らかの態度を読み込み、それを「身振り」として捉えている。もちろんそこには思い込みや誤解、勘違いもあるだろう。でも、それを込みにして、私たちは相互に映じあい、それに応えあって生を紡いでゆく。だから、この「身振り」はいわば「共同行為」であり、生者の側の態度と相関しつつ、それに対応する「身振り」を生じさせるように働くのではないだろうか。

従って、沈黙は生者の側の、死者に対する応答の「身振り」でもあるはずなのだ。重要なのは、それが「反応」としての失語状態に留まるのではなく、何らかの「態度」として表されることである。そのときに始めて、それは死者に対する「応答」を形作るのである。

これはつまり、他者の不在に戸惑い、宙づりになったその眼差しや声に応じる言葉を探す自分を、承認できるようになるということだろう。自分というものが、決してたんに心の内で自己完結した主体ではなく、身体を通じて他者からの関係に否応なく開かれ、見えないところで動かされてしまうものだということを、認めること。もしそれを、自分だけの孤独な心中での出来事として処理しようとするならば、そこにはかつてキルケゴール（Kierkegaard, Søren. 1813–1855）が「絶望」と名づけたような、ひたすら自己へと閉じてゆくだけの、無限退行のような自己関係しか生じえない（Kierkegaard, 1849：邦訳二七－二八頁）。

もちろん、この「身振り」は本来、生きている他者によって読み取られる必要はない。それは、第一義的には「見えない」他者に応答する態度であるからだ。しかし、そうであっても、それは文字通りの「身振り」すなわちその人の「身体」の在り方に結びついた「振る舞い」でなくてはならないと、私は考えている。なぜなら、身体とは私がそこを介して、かつてその他者に出会った場所であるからだ。身体を通じることなしに、私は他者と出会うことができない。これは肉体やその一部、顔や手だけでなく、声や言葉や眼差し、その文体や癖を含むものである。それを私は「身振り」と呼びたい。これらを除外した内的なものを「スピリチュアル」などと称したところで、そこには他者と出会う通路はない。そうならば、もし見失った他者をたずね、その問いかけに耳を傾けるためには、おのれの身体という地平において、他者に向かって黙するという姿勢を取らねばならない。

さしあたって、これを「沈黙の受肉」とでも呼んでみることにする。それは目を閉じることであってもよいし、どこかの椅子に腰掛けることでもよい。長いため息をつくことであっても、道端のネコに声をかけることでもよい。大事なことは、まだ聴こえていない他者の声を探し求め、問いかけるのではなく、もうすでに与えられている他者の面影を確かめることである。心の中だけでその他者と対話しようとするのではなく、実際にそこへとみずからを差し向ける「しるし」を持つこと。それによって、他者の存在が忘却される日常の機械的な時間に句読点が打たれ、そこから不在の他者にかつて触れ得たときの身体感覚が呼び覚まされるような、ほんのわずかの身振りでよい。死者という他者との再会が、そこから始まるだろう。

一九九四年の初夏、あの舞台の上には確かに「身振り」があり、それを受容する聴衆がいて、そして、そのあいだで沈黙が息づいていた。

5　おわりに

グリーフケアの実践には、この「沈黙の受肉」を助けるようなかかわりと、その場の構築が求められている。そのモデルは、対面的に寄り添う二者関係ではなく、むしろ二者関係に第三者が寄り添い、ひろがってゆくような、立体的な関係性に求められるべきだろう。なぜなら、喪失の悲嘆には必ず、すでに述べてきたような「死者」という他者が存在するからである。すなわちグリーフケアは第一義的には、悲嘆者と死者との「かかわり」をケアすること、なのであり、それゆえ「対面」していても、そこには必ず「死者」という第三者が介在するのであり、またケアする者も、生者と死者の二者関係に寄り添ってゆくことになるのである。

このとき、ケアする側は、できるだけ生者と死者との「交わり」を妨げないように、それを支え見守る存在でありたい。そのためには、ケアの場が現実的にもクライエントとセラピストの対面関係でない方が望ましい場合がある。「自助グループ」と呼ばれる、当事者主体の活動が注目される背景は、こうしたところにもあるのではないだろうか。

そして、その可能性はいわゆる「分かち合い」のような「語らい」のコミュニティというよりは、講演会や勉強会、見学会など、ともに耳を傾けながら、緩やかに寄り添ってゆく場に見いだされるように思われる。そこでは誰もがそれぞれに、死者の沈黙に向きあいながら、同時に互いの沈黙をともにすることができるからである。

「充実した沈黙」は、やがて新たな実りを生むだろう。それは「語ること」でなくともよい。マザー・

テレサ（Saint Teresa of Calcutta. 1910-1997）がみずからの名刺に記していたという言葉を思い起こそう。

沈黙の実りは、祈り。
祈りの実りは、信仰。
信仰の実りは、愛。
愛の実りは、奉仕。
奉仕の実りは、平和。

（Mother Teresa, 2007：邦訳三八頁）

つまり、それらは「言葉」以上にその人が身をもって生きる人生の「すがた」へと実ってゆくのである。

註

（1）一九九四年五月一七日、カザルスホール（東京）での演奏会。この直後、六月に同曲がニューヨークでレコーディングされている。（RCA/BMG BVCC724）

（2）越知（二〇一〇）二一二頁。

第一〇章
ケアにおける非対称性
あるいは死者の眼差し

1　はじめに

人間がその脆弱な生を繋ぎ、生き延びてゆくためには、さまざまなレベルの「かかわり」による支えが必要不可欠である。しかしそれは、身体的な知覚や物理的な測定、あるいは数理的な計算などによって発見されたり、定義されたりするものではない。「かかわり」とは、存在するものが他なるものと出会い、そこに生じた差異に意義を見出そうとする運動であり、経験である。

ケアすることとは、こうした「かかわり」のうちで、差異に対する肯定を通じてその意義が見いだされるような営みを指すものだと考えられる。メイヤロフの定義によれば、ケアとは相手の「成長や自己実現を助けること」(Mayerloff, 1971：邦訳一三頁) だとされるが、そればかりではなく、その成長や自己実現について思い描くことのできない他者についても、その存在の固有性を肯定し、その尊厳を守るための「ケア」が可能であるだろう。

しかしながら、ケアという名のもとに行われ、あるいは他者の成長や自己実現を「信じて」行われる人間の行為は、時として「しつけという名の虐待」「愛という名の支配」といったかたちで、他者の尊厳の否定へと帰結するような行為へと転化してしまう。

その原因を、周囲の人間関係や社会状況、世相や風潮などに見出すことは容易なことである。しかしいつの時代においてもこうした「ケアの空転」は起こりうることのようにも思われる。というのも、ケアというかかわりには、ある意味で矛盾する二つの要素が原理的に備わっているからである。それらの要素とは「双方向性」と「非対称性」である。

本章では、そのようなケアの独特な「困難」の構造を、ドストエフスキーの小説を参考にしながら分析し、「非対称性」がたんに「双方向性」を阻害する要因なのではなく、むしろ「双方向性」を更新し、困難の中にケアを再起動する力となりうることを論じてみたい。

2　ケアの双方向性と非対称性

ケアすることとは、たんなる本能的欲求に基づく行為でもなければ、法や道徳に規範に従う義務的行為でもない。それは何よりも「他者」に出会い、その存在に応答してゆくプロセスである。それゆえケアは一方向的な対象への「かかわり」に終わるものではなく、何らかの仕方での双方向的な「かかわりあい」を含意している。

この双方向性の基盤は、人は誰しも他者からのケアに依ることなしに生きられないが、それを通じてのみ、他者をケアすることを身につけられる、という人間の自然誌的＝文化的事実に見いだされうる。ケアは「キュア」と異なり、必ずしも専門的な知識や技術と、それに基づく資格や肩書などを必要としない。人間は日常の生活の中でまずもって「ケアされる」経験をもち、そこから「ケアする」ことを通じて日常を水平的に広げてゆく。

そしてそれゆえに、自分をケアしてくれる相手に対してケアする、あるいは自分がケアしている相手からケアされる、といった双方向の「応答」が可能になるのである。(1)

しかし、この可能性と裏腹に「かかわりあい」としてのケアはまた「すれ違い」でもあり得る。「ケアすること」が相手にとって「ケアされること」と感じられるとは限らないし、「ケアされている」と感じたことが相手において「ケア」と認識されているとも限らない。そうしたギャップが起きる一つの理由は、ケアの営みが相手の成長や自己実現の「プロセス」を支えるという側面があるからだろう。ケアされているときには、その有り難みがわからない、ということはごく当たり前なのである。

ただ、理由はそれだけではないだろう。そもそも何らかの他者へのかかわりが、他者にとって肯定的な意味を持つのか、それとも否定的な意味を持つのかを決定する基準は、与えられていない。私自身について、他者からのかかわりが肯定的であったか、否定的であったかを決定することは、可能である。すなわち喜びや苦痛の感覚を参照点とすればよいのである。しかし他者については、そうした参照点に同じようにアクセスすることはできない。他者が内心の苦痛を隠して笑顔を浮かべるならば、否定は肯定へと容易に偽装されうるだろう。

こうした問いは長く「他我問題」として議論されてきた古典的なアポリアに過ぎないかもしれない。他者の心を覗き見ることはできない、という事実は認識論的というよりは「文法的」事実であって、知り得ないからこそ他者は私ではなく、私は私の内心について知りうるからこそ、私なのである。そしてそのことは、他者の言動から意味を剝奪するものでは、決してないだろう。しかし、ケアのプロセスににおいて、この文法的事実が時としてきわめて「重い事実」として突きつけられることがある。私が他者ではなく、他者が私ではないという事実。あるいは他者と私の心情がもはや交わらないと思い知ること。そのような地点でケアは頓挫し、かかわりは分断されるのである。

皮肉なことに、このような他者の「非対称性」は、他者とのあいだに何かしらの「双方向的」なかかわりあいがあるところには、必ずついてまわる性質である。ネコの言葉が分からないと思うのは、ネコが私の生へと介入し、私もまたネコの生へと介入しようとしているからであるが、キツネうどんについて同じように考えることがないのは、キツネうどんと私との関係に「双方向性」が見出し得ないからだろう。

双方向性と非対称性をともに備えたかかわりのかたちは、ブーバーのいう「われ - なんじ」の関係性に置き換えることができるかもしれない。(2)「われ - それ」の関係は、非対称でありながら、双方向性を否定し途絶させるような距離をあらかじめ設定することで、そこに垂直的な非対称性を成立させるものである。これに対して「われ - なんじ」の関係は、他者への呼びかけを通じた全面的な存在の肯定によって、親密さをかかわりの起点に据えるのである。むろん、呼びかけは応答を「期待する」ものであるから、そこには原理的な非対称性が残る。実はこの点にこそ、「ケアの空転」の生じる要因が隠されているように思われる。

ケアが暴力に転化するといった問題の多くは、「われ - なんじ」のかかわりであるべきケアが、「われ - それ」のかかわりに履き違えられ、相手を事物のようにみなす態度によって引き起こされると思われる。しかし、場合によって事情はもう少し複雑なのではあるまいか。例えば「共依存」と呼ばれる、かかわりの困難事例においては、互いが相手をコントロールしようとして、支配と服従の共棲関係をつくりだす。しかしそうだからといって、その当事者たちは相手を事物や道具のようにみなしていると、単純に言うことはできないだろう。むしろ、そこでは相手が「かけがえのない他者」であるとみなされているからこそ、支配や服従が起きるのである。もちろん、その「かけがえのなさ」は差異の肯定ではなく、否定へと履き違えられている。にもかかわらず、そこにはやはり「われ‐なんじ」の〈出会い〉が刻印されている。(3)

私たちは、そのような場所でこそ、ケアのかかわりを再起動させなくてはならない。

3 〈柔和な女〉――共依存のドラマ

ドストエフスキー後期の中篇小説〈柔和な女〉(一八七六年)は、イコンを抱いて窓から飛び降りたという女性の自死事件の新聞記事を題材にした作品である。この死の「柔和さ=おとなしさ」に打たれたというドストエフスキーは、謎めいた死の背景となる、ある男女の物語を思い描いた。(4)

男は世襲貴族の退役軍人だが、質屋で生計を立てている。男は事情があって退役し、一文無しになって路頭に迷う日々を過ごしたのち、思いがけず遺産が舞い込んだことをきっかけに、過去の記憶にとらわれない「新しい生活」を始めようとしていた。そんな折に客として現れた一六歳の少女は、イコンを質に入れようとするほどに逼迫した生活を強いられていた。四一歳のこの男は、少女の卒直で心にしみとおるような眼差しに惹かれ、その素朴な真心を手に入れようと画策する。その甲斐あって男は少女を思い通りに妻に迎えたが、無邪気に心を開こうとした彼女に対して、彼は沈黙をもって「厳格さ」を示し、自分に対して「祈るような敬虔な気持ち」を備えた「完全な尊敬」を要求するのである。

凍りついたような夫婦の生活は、やがてきしみ始める。柔和で従順に男を愛していると思われていた彼女が、自分の裁量で金を貸し始め、無断で外出して別の男と密会を企てる。現場に踏み込み、妻を連れ帰った夫は、ポケットからピストルを取り出す。ピストルが音を立てることはなかった。しかし、互いの眼差しのうちには深く銃口の影がさす。やがて妻は高熱を出して寝込んでしまう。

病は二人のあいだに距離をつくるが、妻は日常に閉じこもるようにして、穏やかさを取り戻していた。男は、ともあれ彼女を飼いならしたかに見えた。しかし、あることをきっかけに男はみずから「沈黙」を破り、妻への思いを口にし始める。さらに、質屋をたたんでブローニュで新しい生活を始めることを提案し、実行しようとする。

夫の豹変に怯えた妻は疲れ果ててしまう。数日後、突然おとなしく両手をそろえて夫への忠実と尊敬を誓ったあと、夫が二時間ほど出かけていたあいだに、彼女はイコンをしっかりと抱きしめて、窓辺から身を投げたのである。

この物語は、現代風に読み解くならば「共依存」の悲劇とでもいえるものだろう。共依存という概念の定義についてはさまざまな議論があるが、斎藤学によれば共依存とは、他者に対する「コントロールの欲求」を基本とし、「他人に頼られていないと不安になる人と、人に頼ることでその人をコントロールしようとする人のあいだに成立するような依存・被依存の依存・被依存の関係」（斎藤、一九八九：一六三頁）すなわち、他者を支配することで安心を得ようとする人と、支配を甘受することで不安から逃れようとする人との嗜癖的人間関係のことである。

この概念はアルコール依存のような物質依存や、摂食障害のようなプロセス依存などの嗜癖の病理の背景にある人間関係として注目されるようになり、そこから「対人関係の依存」をひとつの病理としてみなす考え方も現れるようになった。ただし、実際には人間関係そのものの病理性を、人格や行動における「障害」と同じレベルで語ることは難しい。日常の人間関係に潜む恒常的な支配や抑圧も、当事者がそれを耐え忍び、受け入れてしまっている場合には、病んでいるという意識すらない場合が多いのである。

共依存的関係は、多くの場合に「頼られる人と頼る人のセット」としての共棲関係を形作る。そのはじまりは、何らかの理由で自己肯定感や安心感を獲得することができず、寂しさや怒りの感情を抱えた人物である。他者を支配することは、手軽に寂しさを埋め合わせ、欲求不満を解消される手段となる。親子関係やパートナー関係などの「愛情」で結ばれるべき人間関係が、時としてこのような支配の場となるのは、そこでの力関係が対等ではないからである。親子や男女、上司と部下、師弟関係などにおける立場の差が、弱い立場の側に服従の心理を生み出す。強い者に恭順を示すことは、自己の安全を確保するための手っ取り早い方策なのである。

「柔和な女」の主人公は、みずからが支配者となりうるような素朴で従順な少女に目をつけ、高圧的な沈黙で彼女を支配しようとした。彼女はそれに抵抗を示しつつも、さらなる男の威圧に振り回され、疲弊してゆく。そこにはまさに支配するものと、支配されるものの奇妙な共生関係が生まれ始めていた。ただし、もしそれだけであればこの物語は悲劇ではなく、ひとつの「不幸」の物語に過ぎなかっただろう。ここでの悲劇の源泉は、むしろこの共生関係＝共依存関係そのものの「破綻」にある。

再び彼女の足もとにひれ伏し、再び口づけしたい、彼女の立っている地面に口づけし、彼女に祈りを捧げたい。そういう欲求がますます抑え難くなっていったのだ。

「それ以上のことはもう決して何も、何ひとつ、求めたりしない」

私は絶え間なく繰り返した。

「何も答えてくれなくていい。少しも注意を向けてくれなくていい。だがどうか、部屋の隅っこから見つめていることは許しておくれ。私のことなんか、自分の持ち物みたいに、犬ころみたいに考えてくれればいい……。」

彼女は泣いていた。

「わたしはあなたがこのままにしておいてくれると思っていました」

突然、彼女は思わずこう口走った。(中略)おお、これこそ、もっとも重要な、何より宿命的な言葉であり、この晩のうちで私がもっともよく理解できた言葉だったのだ。これを耳にした時、私は心臓をナイフでざっくりと切り裂かれたような気がした! この言葉はすべてを説明してくれた。もう、何から何まで。だがまだ彼女が、そばに、目の前にいてくれる。私は抑え難いほどの期待をし、おそろしく幸福だった。〈柔和な女〉邦訳七九－八〇頁、傍線は引用者による強調)

妻が口走った言葉に対して男が抱いた思いは、共依存者に特有の論理に貫かれている。DVなどの依存者の多くは、みずからの行為を恥じて心から相手に詫びようとし、二度とそれを繰り返さないことを誓ってみせる。しかしそうした謝罪は、苦痛を与えた相手への共感よりも、相手との関係を維持することに軸足が置かれている。男にとって求められていたのは、いかなる手段によっても相手を自分の前に引き止めることなのである。まだ彼女が目の前にいてくれれば、それでよいのだ。

他方、彼女の「そのままにしておいてくれると思っていました」という言葉は、パラドキシカルなメッセージを含んでいたと見るべきだろう。つまり「そのまま」でいることを肯定するメッセージと、もうそれが終わったのだという否定のメッセージである。このパラドクスは、彼女を絶望へと追い込むに十分なものだった。男はそれを「もっともよく理解できた言葉」だと受け止めたが、実際にはその言葉のごく一部を都合よく理解していたに過ぎなかった。彼女は目の前にいながら、すでにその眼差しは窓の向こうに向けられていたのである。

物質依存やプロセス依存などのいわゆる依存症は、多くの場合その背景となる共依存関係に何らかの変化があり、その関係の中で他者をコントロールすることが不可能な状況が生じたときに、それを諦めることへの強い不安や寂しさ、怒りなどの感情を鎮めるために、一過性の強い快楽に耽溺し、やがてそれがやめられなくなってしまうというメカニズムを持っているといわれる。この小説における妻の死を、これらと同列に語るべきではないかもしれないが、この悲劇のメカニズムは、類似したものであるように思われる。(5) 妻の死は、男が妻を徹底的に支配しようとし、それに抵抗しつつも折りあいはじめた妻の思いを汲み取ることなく、過剰な介入を繰り返したために起きた。それは夫の支配の苦しさからの逃走ではなく、夫との共依存関係に自己の場所を見いだせないことへの絶望からの逃走であった。夫と結ばれるきっかけになったイコンを抱きしめて、彼女は夫の愛という物語の中へと自己を幽閉したのである。

4 死者の眼差し

ドストエフスキーは〈柔和な女〉を「物語でもなく手記でもない」ある実験的な手法で描き出している。それは、妻を自死によって失った男が、その亡骸を前にして経験するであろう生々しい心理的なプロセスを「独り言」として呟き、それをもし速記者が書き留めたとしたら、という仮定に基づくドキュメンタリーなのである。

いわゆる「物語」や「手記」といった方法は、体験や出来事に対して時間的、空間的な距離を測りとることで、みずからのすでに有している世界像の中で、それらを意義づけることを可能とするものである。しかし、「二人称の死」という出来事はそうした既存の世界像を宙吊りにし、その根を奪い去ろうとする。そこでは「語り＝ナラティヴ」そのものが上滑りし、中断され、出来事はいわば「語りとられる」ことに抗うように立ちはだかる。この作品は、そうした「引き裂かれる語り」としての「ドラマ」を切り出そうとしている。

しかし、この作品の真の意図は、そうした方法論的実験にあるのではない。それは私たち人間の生の「真実」を明らかにしようとするものである。上述の「ドラマ」はその道具立てに過ぎない。その真実とは、いわば他者との関係性の根源的な「非対称性」である。

他者の死においては意義がただ奪い去られるだけなのではない。他者は死を通じて決して「取り除かれる」のではなく、むしろ奪われることを通じて「与えられる」。すなわち、死者という他者の眼差しは、不在であるにもかかわらず、圧倒的な仕方で残り続けるのである。この事実へと、男はその分裂した内なる対話を通じて次第に導かれてゆく。

思い出をつなぎ合わせていくことで、彼は最後には真実へと抗いがたく導かれていく。真実は彼の頭脳と心を、ある高みへと、抗い難く導いていくのだ。終わりに近づくにしたがって、物語のトーンまでもが、初めの頃の無秩序なものから変化していく。本当のことが、この不幸な男にも十分明瞭に、くっきりと見えてくる。少なくとも彼自身には。
これがテーマだ。(〈柔和な女〉邦訳一〇頁)

ドストエフスキーが作品のテーマだとしているもの、すなわち「真実」とは、私の生が他者の眼差しによって射抜かれていること、そして他者の眼差しそのものは、私の生の限界を凌駕することによってだけ、眼差しとして現れうるのだという厳粛な事実のことである。もちろん、主人公の男が明瞭に意識したのは、もっと具体的な「事実」としての「喪失」に過ぎないかもしれない。だが、他者とはみな「失われゆく者」であり、その脆弱性のうちに尊厳を映し出す存在なのである。男はそのことに、ようやく気づいたのである。

ところで、この作品を原作としてつくられたロベール・ブレッソン(Bresson, Robert. 1901-1999)監督の映画、「やさしい女(Une fame douche)」[6]の幕切れは、衝撃的であった。棺に収められた女は、当然のことながら、もはや目を見開きはしない。だが、棺の内側に仕掛けられたカメラの視界は、死者の眼差しを体現し、そこから室内を見上げている。そしてゴトッと音を立てて棺の蓋が閉じられると同時に視野も暗転し、映画は断ち切られる。エンドロールは皆無である。私はその瞬間、みずからが棺へと幽閉されるような暗黒の恐怖に襲われた。そして客席の明かりが灯っても、金縛りにあったように、座席に縛りつけられたまま、立ち上がれなかった。

このときに私はおそらく「生の終わり」という、生の内部においては体験できぬものの影を垣間見たのだろう。むろんそれは〈影〉に過ぎない。しかしそれはただ〈死〉の影に過ぎぬものではない。むしろそれは〈死〉の可能性を通じて、他者がおのれの生から奪われ、かつ与えられていることの、拭い去り難い残像なのである。

5　ケアの再起動のために

ドストエフスキーの〈柔和な女〉が提示するのは、濃密な「われ－なんじ」の近しさが否定性を契機にして、そこに支配と服従の渦を抱え込む「絶望」の物語であるかに見える。しかし、果たしてドストエフスキーは絶望のために絶望を描いたのであろうか。〈罪と罰〉におけるソーニャの物語を知っている私たちは、妻を失った男の人生にも、また別の「物語」が始まるかもしれないことを、心に止めておくべきだろう。

おそらく「柔和な女」の物語は、ドストエフスキーの最初の妻マリアとの運命的で奇妙な関係を下地にして描かれている。(7) 既婚者だったマリアに恋をした彼は、彼女の夫がなくなったあと、別の若い男との三角関係を奇妙なかたちで維持しながら、マリアと結婚を果たす。やがてマリアは結核を悪化させ療養生活を送るようになるが、ドストエフスキーはそのさなかに若い作家志望の女子大生に入れ込んで、彼女とヨーロッパ各地を旅している。ところが、マリアの病状が悪化すると、ドスエトフスキーは彼女とともにモスクワに移り、彼女を献身的に介護するのである。やがて妻を看取った彼は、二人の奇妙な結びつきをこう書き記している。

二人は一緒にいるとほんとうに不幸だった、にもかかわらず、二人は互いに愛することをやめることができなかったのだ、いや、不幸になればなるほど、ますますわたしたちは強く結びついたのだ。（一八六五年の書

「柔和な女」で、テーブルの上に横たえられた遺体を前にして動転し、つぶやき続ける男は、マリアを看取ったフョードルの分身である。だとすればなおさら、その男の人生には「続き」があるに違いない。ドストエフスキーはマリアの死後、速記者のアンナ・スニートキナと再婚し、以後〈罪と罰〉を始めとする長編小説を次々と生み出してゆく。そこで彼が追求したのは、徹底的なニヒリズムに蝕まれながらも、なおそこに愛と救済の希望を見出そうとしてもがき葛藤する人間像であった。

死者の眼差しは、ケアの「不可能性」を告知するものではない。むしろその「非対称性」を受け入れることを通じて、そこに「すでにあるもの」としてのケアへの気づきを呼び覚ます。死者は「もうそこにいない」が、「死者としてそこに再生する」。もはやみずからの支配の及ばない場所で、支配のヴェールを脱いだ他者は、服従することなく、その眼差しを与えるだろう。

ケアすることと、ケアされることとの「双方向性」は、「非対称性」の受容を通じて、新たな相貌をまとう。それは、ケアというかかわりそのものの、新たな受け取り直しであるだろう。ケアが頓挫するとき、その理由はケアを何らかの主体的な行為として引き受けようとすることにある。〈柔和な女〉の男は、イコンを質入れしようとした哀れな少女に情けをかけ、自分がそうあるべきだと考える人生へと導き入れようとした。他方、妻は自死という選択によって、倒錯したかたちで夫への愛と服従を果たそうとした。しかし、ケアという営みは、そのような主体による「選び」のうちには実らない。

依存症からの回復のプログラムでは、自分が依存を「自力」で克服することができないという「無力」を受け入れること、そしてその上で、無力であっても、自分が「そのまま」で存在することが「ゆるされている」ことを感じる経験が重要と考えられている。[9] 依存症の当事者たちの多くは「頑張る」「真面目な」自己を必死で演じようとして、自己破綻を来してしまうにもかかわらず、そうした習慣を断ち切ることができない。しかし、そのようにみずからを駆り立てることによっては、自己の生を「肯定する」ことなど不可能である。なぜなら、その「頑張り」を評価する基準は自己のうちではなく、他者という非対称な存在のうちにあらかじめ奪われてしまっているのだから。そうではなく、自己を肯定するために必要なのは「頑張らないでも、そこにあるもの」の素晴らしさを知ることなのである。

無力を受け入れ、生をそのままに肯定することを可能にしてくれる「ケア」があるとすれば、それは「非対称」な生を「非対称なまま」に受容するかかわりであるべきだろう。このかかわりの出発点は、血縁でもなければ恋愛感情でもなく、また社会への帰属意識でもなく、ただ「苦悩」する存在であることの表現と、それに寄り添おうとする身振りとの共鳴である。相互に苦悩の意味は異なっていても構わない。ただそこで場を分かちあうことから始まる「何か」に、身を委ねられればよいのである。

ケアという営みは、ケアする側の生にでも、ケアされる側の生にでもなく、その両者の生の「交わり(communication)」のうちに生じる出来事である。それは、出会いを果たした主体のいずれからのかかわりによっても、また両者の「かかわりあい」の過程によっても支配されないような、新しい「いのち」の場を開くのである。[10]

註

(1) ケアの概念的分析については、本書第六章および、﨑川(二〇一六)を参照されたい。

(2) Buber (1923) を参照。ここでは既存の訳語に倣いつつ、柔らかい印象をねらって平仮名で表記したが、本来はもっと日常語としてのニュアンスを意識した「生きた日本語」に訳すべきだろう。

（3）小西真理子（二〇一八）は「共依存」概念の生成を追いながら、そこに生じた共依存についての回復論などの言説が「自立主義・自律主義・個人主義を背景とする一定の倫理観」に基づいて「共依存者の生き方」を否定的に評価する傾向にあったことを指摘し、その危険性を踏まえたうえで、依存に向きあう倫理の在り方について論じている。

（4）「クロートカヤ（Кроткая）」は一八七六年からドストエフスキーが個人雑誌として刊行を始めた『作家の日記』に発表された作品で、七六年の一一月号の全巻がこの作品に当てられた。このタイトルは「おとなしい女」（米川正夫訳）や「やさしい女」（井桁貞義訳）「柔和な女」（小沼文彦訳）などさまざまに訳されてきた。形容詞「クロートキー」はマタイ福音書五章五節「柔和な人々は幸いである、その人は地を受け継ぐ」のロシア語訳に用いられてきた表現であるため、ここではそのニュアンスを重視して「柔和」とした。マタイ書では「生活に表れた外部的な柔和・温和」を意味するギリシア語「プラウテース（πραΰτης）」が使われているが、ここでイエスは詩編三七章一一節の言葉「貧しい人は地を継ぎ」を引用しながら人々に福音を述べ伝えている。新共同訳で「貧しい」と訳されているヘブライ語「アーナウ」は、身を低くして苦悩に耐える、あるいはへりくだる様子を表す形容詞である。従ってマタイの「柔和な人」は、たんなる温和さでも柔弱さでもなく、激しい苦悩の中で身を屈めながら、救いに希望を置き続けてきた人々の感受性に訴える表現だったと思われる。一方、山城むつみ（二〇一五）は、そこに秘められた「激越さ」に注意を促しつつ「いたずらに聖書に結びつけて宗教的なお喋りに耽るべきではない」（二六〇頁）と述べ、「おとなしい女」という訳語を採用している。聖書からあえて「切断」することには異を唱えたいが、そこに隠された「激越さ」についての指摘は正当なものだろう。

（5）摂食障害などの依存症における「症状」も「パラドキシカル・メッセージ」という側面を持っていることが指摘されている（斎藤、一九九七：一二一－一九頁）。そしてこのパラドクスを何らか自覚することこそが、共依存的な苦境の外へと足を踏み出す出発点になる。ただし、それはただ孤独な跳躍によってではなく、その跳躍を受け止めてくれる場の支えによってこそ可能となるように思われる。

（6）映画〈やさしい女〉は一九六九年に公開された、ブレッソン監督初のカラー作品である。ブレッソンは作品の舞台を一九世紀ロシアから二〇世紀のフランスに移し替え、登場人物の性格や主題についても独自の翻案を施している。「ドストエフスキーにおいて主題は、自殺した若い妻の死体を前に己を正当化しようとする夫の責任感、彼を責め苛む罪悪感にあります。私の場合はというと、主題は、この物言わぬ身体を前にした夫の疑念、不確かさにあります。『彼女は私を愛していたのか？　私を騙していたのか？　私の愛情を理解していたのか？』などなど。」（Bresson, 2013：邦訳二七四頁）ブレッソンが描き出そうとする、二人のあいだに横たわる「沈黙」、すなわち意思疎通の不可能性は、確かにドストエフスキーの表面上の「主題」としては現れてこない。にもかかわらず、それは〈死者との対峙〉というドラマの本質的な構成要素として、ドストエフスキーのテクストにも浸透している〈感覚〉なのだと思われる。

（7）ドストエフスキーと妻マリアの関係、また「クロートカヤ」のドストエフスキー作品における位置づけについては、山城の諸論考を参照されたい。

（8）引用は「楕円化するドストエフスキー」における山城による訳（二四二頁）に拠った。

（9）例えばAA（Alcohoric Anonimas）の伝統である「一二のステップ」（二〇〇〇年改訂版訳、AA日本ゼネラルサービス・オフィス）では、まず「（1）私たちはアルコールに対して無力であり、思い通りに生きていけなくなったことを認めた」というステップが始めに置かれ、「（2）自分を超えた大きな力が、私たちを健康な心に戻してくれると信じるようになった」「（3）私たちの意志と生き方を、自分なりに理解した神の配慮にゆだねる決心をした」（以下略）といったように、何らかの超越性への開きのうちに自己の存在をゆだねる姿勢を見出すことが意図されている。しかし、ここでの「ゆだねること」を、自己による「選び」から解き放つためには、やはり何かしらの「ゆるし」への「気づき」が必要となるだろう。この気づきとは、AAの一二番目のステップでの「霊的な目覚め(spiritual awakening)」のような「実存的な覚醒」というよりはむしろ、日常の「小さな幸せ」に心を預けられるような身体感覚であると私は考えている。この点は「オープンダイアローグ」における「ポジティブな感情」や「愛」への注目とも関連すると思われるが、本書での立場はそのいわば「手前」に留まるものである。これについては野口(二〇一八:第九章)を参照。

(10) 本章の考察の狙いは、ケアの営みをある「定形」に落とし込んでゆく発想からの距離を測ることにある。近年の精神医療におけるオープンダイアローグへの関心の高まりは、すでにナラティヴ・アプローチにおいて示されてきた「かかわり」に開かれた回復のかたちを、より共同的で現実的な「結びつき」として確かに手にしたい、取り戻したいという、私たちの切実な希望と同期しているように思われる。しかし、かかわりの編み直しのかたちは、その人それぞれの置かれた苦悩に即して異なってよいはずである。ことに共依存のような問題領域においては、オープンダイアローグの特徴である、既存の社会ネットワークの再建や「感情の共同化」といった要素が、依存者の苦悩を規定している「支配的物語」との親和性を発揮するのではないかと危惧される。この点については、野口(二〇一八:第五‐七章)を参照されたい。

あとがき

二〇一七年の夏、ピーター・ゼルキンは二三年ぶりに東京で〈ゴルトベルク変奏曲〉を弾いた（八月一日、すみだトリフォニーホール）。私は何かめぐりあわせのようなものを感じ、演奏会に赴いた。もちろん（キルケゴールが『反復』で描いたベルリン旅行のように）かつてそこで出会ったものに再会し、何かを取り戻すことを期待すべきではないだろう。ともあれ、やはりそれを聴くことは、私にとって必要な「反復」であるように思えた。

その日は、プログラムの前半にモーツァルトの〈アダージョ ロ短調〉K.540と〈ソナタ 変ロ長調〉K.570が、続けて演奏された。三大交響曲やK.563のディヴェルティメントと同じ頃、一七八八年から翌八九年にかけて作曲された、どちらもモーツァルト円熟期の名作である。

〈アダージョ〉は、モーツァルトの全作品中で、おそらくもっとも深い悲嘆と苦悩が告白された音楽である。ピーターはそれを、おそろしく彫りの深い手つきで演奏した。縛り付けられるような重苦しさ。ただしそこに淀んだ暗さはみじんもない。透明なガラス張りの部屋の中で、見えない悪魔と格闘しているようだ、といったらよいか。ともかくも、私たちの中に刷り込まれている、軽やかで楽天的なアマデウスの姿は、そこにはなかった。重力に抗うように、その翼を必死で動かそうとする天使の身体が、ついにその動きをとめた。

〈死〉のような長い沈黙。やがて、K.570の第一楽章アレグロの、柔和なアルペッジオに導かれて、音楽はモーツァルトの微笑みを取り戻す。しかしそれは、もはや天真爛漫な神童の「音の戯れ」などではありえない。七〇歳のピアニストの手から紡ぎ出されたのは、難解な単純さを備えた、モーツァルト晩年の肉声のように聞こえた。

さて〈ゴルトベルク〉の方はどうだったか。それは、かつて耳にした演奏よりも若々しく、大胆で、ある種の自由な精神に突き動かされた、偉大な演奏だった。演奏後に訪れたしばしの静寂は、二三年前のそれを想起させたが、しかしその長さも質も、私にとっては全くあたらしいものに感じられた。それはモーツァルトの演奏の狭間の、いわば「強制された沈黙」と好対照をなすような、ごく自然な音楽の余韻として、実に清々しいものだった。

ピーター・ゼルキンは、来日に際してのインタビューで、〈ゴルトベルク変奏曲〉の演奏における「反復」のもたらす「豊かさ」について語っている（ピーター・ゼルキン「ゴルトベルク変奏曲」を弾く：http://www.kajimotomusic.com/jp/news/，二〇一七年七月二〇／二二／二四日）。かつてはそれらを省いたり、部分的に取り入れたりしていたのが、あるとき、全ての反復を行ったところ、それが「感動的で説得力があることに気づかされた」という。むろん、それは楽譜の指示に盲目に従い、全てのリピートを機械的に行うべきだ、ということではない。むしろゼルキンは、繰り返しをどう扱うか、という問いにおいて開かれる無数の「正しい」可能性が、演奏家の音楽世界をより奥行きあるものにしてくれる、と考えているのである。

おそらく、私たちの生きる言語的な現実もまた、同じような性格を持つものであるだろう。私たちは、つねにすでに与えられたものとしての言語を「反復する」ことにおいて、何かを感じ、考え、語るほかない。しかし一見盲目で不自由とも思われる、この退屈な反復の先にこそ、「他者」とめぐりあう瞬間は訪れるのだと、私は思う。

（追記　本「あとがき」を入稿した翌日の新聞で、ピーター・ゼルキン氏が二〇二〇年二月一日に逝去されたことを知った。昨年の来日公演がキャンセルされ、気がかりであったのだが、再びその舞台姿に接することは叶わなくなってしまった。氏の魂の永遠の安息を祈りたい。）

ケア、というテーマに関心を持つようになったきっかけが何であったか、明確なことは思い出せない。おそらくは最初に教壇に立つ機会を与えてくださった上智大学文学部人間学研究室（当時）の井上英治先生や長島正先生から、授業のノウハウを伝授していただく中で、ケアという概念の深みに気づかされていったのだと思う。お二人はそれから駆け足で天国の階段を駆け上がってゆかれ、私は先生方の遺志を継ぐ思いで「ケアの人間学」の講義を引き受けたのだった。その後、ウィトゲンシュタインの研究仲間であった早川正祐氏からケアの哲学の最新動向などについて教えられ、ウィトゲンシュタインとケアの哲学の「接続」について、思いを巡らすようになった。

二〇一〇年に、グリーフケア研究所が上智大学に移管され、研究所の活動に所員としてかかわることとなった。そこから、グリーフケアの哲学的基礎を問うことが、自分の研究テーマの一つとなっていった。本書第二章には、その関心の一端を記した論考をいくつか収録した。ただし実際には、二〇一三年に岡山のノートルダム清心女子大学に転任したこともあり、グリーフケアについての「研究」は、その後あまり進めることができなかった。その一方、はからずもこの数年、勤務先でお世話になっていた先生方が次々と病に倒れられ、お見送りすることが続いたため、いわば「当事者」として悲嘆と戸惑いの中を歩むことになってしまった。渡辺和子名誉学長、髙尾肇先生、葛生栄二郎先生、そして須沢かおり先生。いずれの方々も、私にとって大切な恩人であった。

思えば、大学院時代からこの二五年ほどのあいだに、不意にこの世を去っていった友人たちとの、いくつものやりきれない別れがあった。とりわけウィトゲンシュタイン研究をはじめたばかりの頃に『確実性の問題』を一緒に読んで下さった先輩の矢玉俊彦氏、学部からの同級生で研究会仲間だった小山裕一朗氏の面影が、本書を編みながら幾度も浮かんだ。逝ける人々の思いを引き継ぎながら、そろそろ自分なりに前に進んでゆかなくては。そんな思いが、背中を押してくれたように感じている。


本書が生まれる直接のきっかけは、これも二〇一七年の夏、晃洋書房の吉永恵利加さんに声をかけていただいたことである。思うように自分の研究が進まず悶々としていたところ、本書に収録したいくつかの論文を読んで頂き、一般の読者にも気軽に手にとってもらえるような本はどうでしょうか、とご提案下さったことで、こちらも気負うことなく、自分のペースで取り組めるような気がして、救われた思いがした。

当初はもう少し違ったかたちの著作を考えていたのだが、実際には書くことも考えることもままならぬ日々が続いた。しかし、考えてみれば人生は半ばをとうに過ぎたに違いない。四十代のうちに、何かのかたちで自分の仕事をひとまとめにしておかなければならないと覚悟を決めたのが、昨年の一月ごろだったろうか。結局は旧稿から相互に関連する内容を持つものを選び出し、最低限の修正を施した上で並べていくことしかできなかったが、何とか最後に一章分だけでも新たな稿を起こすことができたのは幸いであった。吉永さんには、最後まで丁寧で行き届いた編集をしていただき、感謝にたえない。

内容としては、至らぬ点の多い書物であることを十分に自覚している。日本におけるウィトゲンシュタイン研究は近年新たな段階に移行し、これまで紹介されてこなかったテクストの翻訳に加え、遺稿の緻密な分析に基づく議論や、思想史・文化史的な背景を踏まえた研究が現れているが、本書においてはそれらを含めた近年の先行研究にほとんど触れていない。むろんこれは私自身の怠慢ゆえである。もしこの一〇年ほどのあいだに、もう少し研究のための時間を持つことができたとしたら、本書は全く違う書物になっていたことだろう。

しかし、その方が良かったかどうかは、分からない。読者にとってはまったく意味のない感慨かもしれないが、書物を編むことは、ただ自分の思想や研究内容を表明することとは、まったく別の次元の出来事のような気がするのである。このようにしかなりえなかった、といういささかネガティブな事情によってこそ、その書物に独特の〈風貌〉が備わるのではないだろうかと考える。書き足りなかったことについては、これから少しずつ取り組んでいくことにしたい。

本来ならば、本書を上梓するにあたって、これまでお世話になった方々のお名前を挙げて感謝をお伝えしなければならないところであるが、いざとなると、あまりに多くの方々の顔が思い浮かぶ。非礼を承知の上で、ここでは下記の方々のお名前を記させていただくにとどめたい。

上智大学哲学科でご指導いただいた、ルドヴィーク・アルムブルスター先生と大橋容一郎先生。東京大学でのゼミに押しかけた他大生の私をあたたかく受け入れてくださった野矢茂樹先生。研究会などで様々な知識を授けてくださった故・奥雅博先生。本書に収録した論文の発表機会を与えてくださった故・足立自朗先生、渡辺恒夫先生、渋谷治美先生、髙木慶子先生、島薗進先生。WebTokai と @SYNODOS 編集部、上智人間学会の皆さん。

その他、諸先生方、大学時代からの研究仲間、友人、職場の同僚、そして退屈な講義を辛抱強く聴いてくれた、たくさんの学生、受講者の皆さんに、心から御礼申し上げる。

本書の装丁は、中学高校以来の友人である、デザイナーの川村貞知氏に依頼した。かつて高校の学園祭で同人雑誌を作って販売したときに、美術部員であった氏に装画を描いてもらったことがある。作家になることを夢見ていた私は、いつか自分の著作を発表する機会があれば、そのときは絶対に彼に装丁を頼もうと決めていた。それから三五年もの月日が流れた。長年連れ添われた奥様を亡くされたばかりの大変な折に、無理なお願いをしたにもかかわらず、見事に仕上げていただいた。深い感謝とともに、祈りを捧げたい。

最後に、長年に渡り見守ってくれてきた両親、そして家族に感謝したい。岡山と東京を往復する日々が続き、妻と娘、そしてネコのメープルには寂しい思いをさせてしまっていることを詫びなくてはならない。家に帰って紅茶をのみながら、ネコと戯れ、お喋りに興じる時間があるから、いままでやってこられたのだと思う。これからもどうかよろしく。

二〇二〇年一月三一日

崎川　修

★本書の出版にあたっては、ノートルダム清心女子大学二〇一九年度出版助成を受けた。

初出一覧

はじめに「ウィトゲンシュタイン――垂直と水平のはざまで」Web-Tokai 二〇〇八年六月
第一章「他者と沈黙――ウィトゲンシュタインと言語的ニヒリズムの問題」『ニヒリズムとの対話』晃洋書房、二〇〇五年四月
第二章「前期ウィトゲンシュタインと表現の問題」『国立音楽大学研究紀要』第四二集、二〇〇八年三月
第三章「言語ゲームの向こう側」(二〇〇八年、未発表)
第四章「心・他者・言語ゲーム――非対称なものの知をめぐって」『心とは何か――心理学と諸科学の対話』北大路書房、二〇〇〇年二月
第五章「世界像と他者――『確実性の問題』再考」『上智哲学誌』第一一号(上智大学哲学研究科)一九九八年三月
第六章「ケアと他者経験――言語ゲームから〈語りの知〉へ」『人間学紀要』第四〇号(上智人間学会)二〇一一年一月
第七章「沈黙をともに聴く――グリーフケアと言葉の哲学」上智大学グリーフケア研究所紀要『グリーフケア』創刊号、二〇一三年三月
第八章「魂の在り処――グリーフケアと対話の哲学」上智大学グリーフケア研究所紀要『グリーフケ

ア』第二号、二〇一四年三月
第九章「『身振り』としての沈黙——グリーフケアの哲学」『α-Synodos』二〇一七年六月
第一〇章「ケアにおける非対称性——ドストエフスキー〈柔和な女〉をめぐる考察」『人間学紀要』第四九号（上智人間学会）二〇二〇年三月

《著者紹介》

﨑川　修（さきかわ・おさむ）

1971 年，東京生まれ。上智大学大学院哲学研究科博士後期課程満期退学。上智大学常勤嘱託講師を経て，現在ノートルダム清心女子大学人間生活学部教授。専門は現代哲学，人間学，およびキリスト教倫理。共著書に『心とは何か』（北大路書房）『ニヒリズムとの対話』（晃洋書房）『教養としての応用倫理学』（丸善出版）『ケアを生きる私たち』（大学教育出版）など，論文に『沈黙をともに聴く』『魂の在り処』（いずれも上智大学グリーフケア研究所紀要『グリーフケア』所収）などがある。

他者と沈黙

ウィトゲンシュタインからケアの哲学へ

2020 年 3 月 30 日　初版第 1 刷発行
2022 年 4 月 15 日　初版第 2 刷発行

＊定価はカバーに表示してあります

著　者　﨑　川　　修 ©
発行者　萩　原　淳　平
印刷者　田　中　雅　博

発行所　株式会社　晃　洋　書　房

〒615-0026　京都市右京区西院北矢掛町 7 番地
電話　075 (312) 0788 番㈹
振替口座　01040-6-32280

装丁　川村貞知　　印刷・製本　創栄図書印刷㈱

ISBN978-4-7710-3305-4

人名索引

あ

か

さ

た

な

は

ま

や

ら

わ

作品・登場人物名索引

事項索引

さ

た

な

は

ま

や

ら

わ

参考文献一覧

文中の引用にあたっては，下記文献一覧に所載の翻訳を参考にさせていただいたが，文体や訳語などを中心に適宜変更している。また書名については適宜略称を用いた。原文中の強調箇所は傍点で示し，引用者による強調は傍線を用いた。

ウィトゲンシュタインの著作の参照箇所は，節番号を基本とし，講義や草稿などはその日付および邦訳の頁数にて示した。

1. ウィトゲンシュタインの著作および資料

Notebooks 1914-1916, Basil Blackwell, 1961. =『草稿』

（「草稿1914-1916」『ウィトゲンシュタイン全集１』奥雅博訳，大修館書店，1975）

Tractatus logico-philosophicus, Suhrkamp, 1998 (Kritische Edition). =『論考』

（『論理哲学論考』野矢茂樹訳，岩波文庫，2003）

Wittgenstein's Lectures Cambridge, 1930-1932, Basil Blackwell, 1980. =『講義30』

（『ウィトゲンシュタインの講義 ケンブリッジ1930-1932年』山田友幸，千葉恵訳，勁草書房，1996）

Wittgenstein's Lectures Cambridge, 1932-1935, Basil Blackwell, 1979. =『講義32』

（『ウィトゲンシュタインの講義 ケンブリッジ1932-1935年』野矢茂樹訳，勁草書房，1991年）

Bemerkungen über Frazers Golden Bough, *Philosophical Occaisions*, Hackett, 1993. =『フレーザー』

（「フレーザーの『金枝篇』について」『全集６』）

The Blue and Brown Book, Basil Blackwell, 1958.

（「青色本」「茶色本」『全集６』大森荘蔵，杖下隆英訳，大修館書店，1975）

Philosophische Untersuchungen, Basil Blackwell, 1958. =『哲学探究』

（『〈哲学的探求〉読解』，黒崎宏訳，産業図書，1997）

Philosophishe Untersuchungen, Wiley-Blackwell, 2009 (Revised 4th edition)

（『哲学探究』丘澤静也訳，岩波書店，2013）
Bemerkungen über die Philosophie der Psychologie, Band I, Basil Blackwell, 1980. ＝『心理』
（『心理学の哲学 第一巻』＝『全集補巻１』佐藤徹郎訳，大修館書店，1985）
Letzte Schriften über die Philosophie der Psychologie, Band II, Basil Blackwell, 1982/1992. ＝『最終草稿第二巻』
（『ラスト・ライティングス』古田徹也訳，講談社，2016）
Über Gewißheit, Basil Blackwell, 1969. ＝『確実性』
（「確実性の問題」『全集９』黒田亘訳，大修館書店，1975）
Lecture and Conversations on Asthetics, Psychology and Religious Belief, Basil Blackwell, 1966.
（「美学・心理学および宗教的信念についての講義と会話」『全集10』藤本隆志訳，大修館書店，1977）
Vermischte Bemerkungen, Suhrkamp, 1994. ＝『断章』
（『反哲学的断章――文化と価値』丘澤静也訳，青土社，1999）
Denkbewegungen: Tagebücher 1930-1932, 1936-1937, I. Somavilla (ed.), Haymond, 1997.
（『ウィトゲンシュタイン 哲学宗教日記』鬼界彰夫訳，講談社，2005年）
Ludwig Wittgenstein Briefe, Suhrkampf, 1980. ＝『手紙』
Portraits of Wittgenstein, I/II, F. A. Flowers III & I. Ground (ed.), Bloomsbury, 2016 (2nd.Ed).

２．その他の文献

Benner, P. (ed.) *Interpretive Phenomenology*, Sage Publications, 1994.
（『解釈学的現象学』相良-ローゼマイヤーみはる監訳，田中美恵子，丹木博一訳，医歯薬出版株式会社，2006）
Benjamin, W. Das Kunstwerk im Zeitalter seiner technischen Reproduzierbarkeit, *Gesammelte Schriften, BandI-II*, Suhrkampf, 1974.
（「複製技術時代の芸術」久保哲司訳，『ベンヤミン・コレクション１』ちくま学芸文庫，1995）

Bouveresse, J. *Philosophie, mythologie et pseud-science*, Édition de l' Éclat, 1991.
(『ウィトゲンシュタインからフロイトへ』中川雄一訳，国文社，1997)
Bresson, R. *Notes sur le cinématographe*, Galimard, 1975.
(『シネマトグラフ覚書』松浦寿輝訳，筑摩書房，1987)
――― *Bresson par Bresson*, Flammarion, 2013.
(『彼自身によるロベール・ブレッソン』角井誠訳，法政大学出版，2019)
Buber, M *Ich und Du*, Insel, 1923.
(『我と汝・対話』植田重雄訳，岩波文庫，1979)
――― Buber, M. Elemente des Zwischenmenschlichen, 1954, *Das dialogische Prinzip*, Gütersloher, 2006.
(「人間の間柄の諸要素」『ブーバー著作集２』佐藤良昭，佐藤令子訳，みすず書房，1968)
Dostevsky, F. Krotkaya, 1876.
(『やさしい女／白夜』井桁貞義訳，講談社文芸文庫，2010)
――― The Brothers of Karamazov, 1880.
(『カラマーゾフの兄弟』(上中下)，原卓也訳，新潮文庫，1978)
江口重幸，斎藤清二，野村直樹（編）『ナラティヴと医療』金剛出版（2006)
Erikson, E. H. & J. M, *The Life Cycle Completed* (*extended version*), WW Norton & Co, 1998.
(『ライフサイクル，その完結［増補版]』村瀬孝雄，近藤邦夫訳，みすず書房，2001)
Foucault, M. Ceci n'est une pipe, *Le cahiers du chemin, no2*, 1968.
(「これはパイプではない」岩佐哲男訳『ミシェル・フーコー思考集成Ⅲ』，筑摩書房，1999)
Freud, S. *Die Traumdeutung*, Fischer, 1975.
(『夢判断』上下，高橋義孝訳，新潮文庫，1969)
――― *Der Witz und seine Beziechung zum Unbewußten*, Fischer, 1975.
(『機知――その無意識との関係』生松敬三訳，人文書院，1970)
――― *Vorlesungen zur Einführung in die Psychoanalyse*, Fischer, 1975.
(『精神分析入門』上下，高橋義孝，下坂幸三訳，新潮文庫，1977)

——— *Neue Folge der Vorlesungen zur Einführung in die Psychoanalyse*, Fischer, 1975.
(『精神分析入門』下, 高橋義孝, 下坂幸三訳, 新潮文庫, 1977)
——— *Drei Abhandlungen zur Sexualtheorie*, Deuticke, 1905/1920.
(『エロス論集』中山元編訳, ちくま学芸文庫, 1997)
Gablick, S. *Magritte*, Thames and Hudson, 1970.
Grünbaum, A. *The Foundations of Psychoanalysis:A Philosophical Critique*, University of Carifornia Press, 1984.
(『精神分析の基礎』村田純一, 伊藤笏康, 貫成人, 松本展明訳, 産業図書, 1984)
Hacker, P. M. S. *Insight and Illusion*, Oxford U.P, 1972.
(『洞察と幻想』米澤克夫訳, 八千代出版, 1981)
蓮實重彦『監督小津安二郎』ちくま文庫 (1992)
Heidegger, M. *Sein und Zeit*, Max Niemeyer, 1927.
(『存在と時間』原佑・渡邉二郎訳, 中央公論社, 1971)
石原吉郎『石原吉郎詩集』現代詩文庫26, 思潮社 (1969)
———『望郷と海』筑摩書房 (1972)
———『一期一会の海』日本キリスト教団出版局 (1978)
———『石原吉郎詩文選』講談社文芸文庫 (2005)
入江　杏『悲しみを生きる力に』岩波ジュニア新書 (2013)
神谷美恵子『こころの旅』みすず書房 (1974)
Kierkegaard. S. *Gjentagelsen*, 1843.(『反復』桝田啓三郎訳, 岩波文庫, 1956)
——— *Sygdommen til Døden*, 1849.
(『死に至る病』鈴木祐丞訳, 講談社学術文庫, 2017)
Kierkegaard, S. *Gesamtausgabe in 4 Bänden*, H. Diem & W. Rest (Hrsg.), dtv, 2005.
北川　透『詩的レトリック入門』思潮社 (1993)
Kittay, E. F. *Love's Labor*, Routledge, 1999
(『愛の労働あるいは依存とケアの正義論』岡野八代,牟田和恵監訳, 白澤社, 2010)
小西真理子『共依存の倫理』晃洋書房 (2017)

Kripke, S. A. *Wittgenstein on Rules and Private Language*, Harvard. U.P, 1982.
(『ウィトゲンシュタインのパラドックス』黒崎宏訳，産業図書，1983)
Lacan, J. *Ecrits*, Seuil, 1966.(『エクリ』 I —III 佐々木孝次訳，弘文堂，1972-81)
———— *Les Quatre concepts fondamentaux de la psychanalyse, Le Séminaire livre XI*, Seuil, 1973.
(『精神分析の四基本概念』小出浩之，新宮一成，鈴木國文，小川豊昭訳，岩波書店 (2000)
Leitner, B. *The Architecture of Ludwig Wittgenstein — A Documentation*, New York U.P, 1976
(『ウィトゲンシュタインの建築』磯崎新訳，青土社，1996)
Lévinas, E. *Totalité et infini*, Martinus Nijhoff, 1961.
(『全体性と無限』熊野純彦訳，岩波文庫，2005-06)
———— *Hors sujet*, Fata Morgana, 1987.
(『外の主体』合田正人訳，みすず書房，1997)
Loos, A. *Trotzdem: 1900-1930*, Brenner, 1931.
(『にもかかわらず』鈴木了二・中谷礼二監修，加藤淳訳，みすず書房，2015)
Lorentzer, A. *Die Wahrheit der psychoanalytischen Erkentnis: Ein historisch-materialischer Entwurf*, Suhrkamp Verlag, 1974.
(『精神分析の認識論』河田晃訳，誠信書房，1985)
Malcolm, N. *Wittgenstein, A Memoir*, Oxford. U.P, 1958.
(『ウィトゲンシュタイン』板坂元訳，平凡社ライブラリー，1998)
松木邦裕『不在論』創元社 (2012)
Mayeroff, M. *On Caring*, Harper & Row, 1971.
(『ケアの本質』田村真・向野宣之訳，ゆみる出版，1987)
McGuinness, B. *Wittgenstein, A Life, Young Ludwig 1889-1921*, Gerald Duckworth & co, 1988.
(『ウィトゲンシュタイン評伝』藤本隆志，今井道夫，宇都宮輝夫，髙橋要訳，法政大学出版局，1994)
Merleau-Ponty, M. *Le visible et l'invisible*, Gallimard, 1964.

(『見えるものと見えないもの』滝浦静雄，木田元訳，みすず書房，1989)
Monk, G/Winslade, J/Crocket, K/Epston, D. *Narrative Therapy in Practice*, John Wiley & Sons, 1997.
(『ナラティヴ・アプローチの理論から実践まで』国重浩一，バーナード紫訳，北大路書房，2008)
Monk, R. *Ludwig Wittgenstein — The Duty of Genius*, Jonathan Cape, 1990.
(『ウィトゲンシュタイン』上下，岡田雅勝訳，みすず書房，1994)
森　有正『思索と経験をめぐって』 講談社学術文庫（1976)
森　耕治『マグリット 光と闇に隠された素顔』マール社（2013)
Mother Teresa, *Where There is Love, There is God*, Mother Teresa Center, 2007.
(『愛のあるところ，神はそこにおられる』里見貞代訳，女子パウロ会，2018)
村瀬　学『〈銀河鉄道の夜〉とは何か』大和書房（1989)
西村ユミ『交流する身体』NHK 出版（2007)
野口裕二『物語としてのケア』医学書院（2002)
————『ナラティヴと共同性』青土社（2018)
野矢茂樹『ウィトゲンシュタイン〈論理哲学論考〉を読む』ちくま学芸文庫（2006)
越知保夫『小林秀雄-越知保夫全作品』若松英輔編，慶應義塾大学出版会（2010)
大平　健『拒食の喜び，媚態の憂うつ』岩波書店（1996)
大澤真幸『身体の比較社会学 I』勁草書房（1990)
小澤　勲『認知症とは何か』 岩波新書（2005)
Saint-Exupéry, *A. Le petit prince*, Gallimard, 1946.
(『星の王子さま』内藤濯訳，岩波書店，2000)
斎藤　学『家族依存症』誠信書房（1989)
————（編)『カナリアの歌』学陽書房（1997)
﨑川　修（共)『ケアを生きる私たち』ノートルダム清心女子大学人間生活学科（編）大学教育出版（2016)
Stegmüller, W. *Hauptströmungen der Gegenwartsphilosophie, BdIV*, Alfred Kröner, 1989.
(『現代哲学の主潮流』第 5 巻，竹尾治一郎，中村光世，山内友三郎，土屋盛茂訳，

法政大学出版局，1995）
Sylvester, D.（ed.） *René Magritte: Catalogue Raisonné, 1-5*, Fonds Mercator, 1992-1997.
高木慶子（編）『グリーフケア入門』勁草書房（2012）
内田樹『他者と死者』海鳥社（2004）
玉川直重『新約聖書ギリシア語辞典』キリスト新聞社（1978）
武満　徹『音，沈黙と測りあえるほどに』新潮社（1971）
――――『武満徹著作集』（全五巻）新潮社（2000）
利根川由奈『ルネ・マグリット　国家を背負わされた画家』水声社（2017）
上野千鶴子『ケアの社会学』太田出版（2011）
やまだようこ『ことばの前のことば』新曜社（2010）
――――『喪失の語り』新曜社（2007）
山城むつみ『ドストエフスキー』講談社文芸文庫（2015）
若松英輔『死者との対話』トランスビュー（2012）
『Wittgenstein Directed by Derek Jarman』アップリンク（1994）
『旧約新約　聖書大事典』教文館（1989）
『聖書　新共同訳』日本聖書協会（1987）